# 新大学原論

L'Université qui vient
De l'autonomie à la fabulation

岡山茂・白石嘉治



新評論

# はじめに

大学は無償でなければならない。この直観から、本書の対話ははじまっている。もちろん、高等教育の無償化をさだめた国際人権規約もある。経済的な観点にもとづいて、大学を無償にすることのメリットを説くこともできるだろう。だが、われわれがここで語ろうとしたのは、大学の原理的な無償性、そして大学そのものの概念をねりあげることの今日もちうる意味である。

ポイントは三つである。第一に、国際人権規約の「高等教育の無償化」条項じたい、二度の世界大戦をへた反戦の構想である。世界大戦は、植民地をめぐる男たちの戦争だった。この条件を解体するために、戦後、植民地と女性の解放が唱えられる。そして若者たちも、兵士ではなく学生となる。無償であるかぎりにおいて、大学は徴兵にとってかわるだろう。

第二に、大学は学校ではない。学校は古代から存在するが、つねに既存の体制にくみこまれている。古代エジプト人はピラミッドをつくるために学校に通った。プラトンのアカデメイアも都市国家のエリートを養成する学校だった。それにたいして、中世に誕生した大学では別様の生のあり方が問われる。このことは、ちょうどおなじころに発生した鎌倉仏教を考えるとわかりやすい。親鸞の無条件の「救い」と同様に、中世の大学では、学校的なヒエラルキーの罷免が思い描かれていた。

だが、こうした中世の大学の夢はすぐに抑圧されてしまう。既存の体制のもとで、たんなる制度となり、今日にいたるまで大学の起源における夢は実現されていない。だから大学はなかったともいえるはずである。これが第三のポイントである。あらゆる「改革」がどこか的外れであることも納得できるだろう。不在のものを改めることはできない。また大学の存在を前提し、その自治によって対抗することの危うさもあきらかだろう。われわれにできるのは、大学という夢の断片をたどりなおしつつ、来たるべき大学を仮構することである。その手がかりは、もっぱら一九世紀以来、不在の大学をうめあわせてきた文学のみちゆきである。

おもにこの三つのポイントをめぐって、われわれは数年にわたり対話を重ねてきた。[*] その間にはパンデミックがあり、戦禍もやむことを知らない。気候変動の徴候もあらわである。近代や資本主義というよりも、国家や経済にもとづく文明の体制そのものが問われているように思われる。中世に大学の名において発生した夢の機制を想起することは、どのような意味をもつのだろうか？　その夢をひきうけた文学をつうじて、ずっと不在だった大学はついに到来するのだろうか？　そしてそうした大学がこんにちの文明の体制にとってかわるとすれば、われわれはいかなるあたらしい自然のアレンジメントを生きることになるのだろうか？　文明そのものの禍々しい軋みのただなかで、この原論が仮構のはじまりとなればさいわいである。

校正のみならず、ゆきとどいた注や年表を作成していただいた新評論の吉住亜矢さんに感謝する。

二〇二四年春

白石嘉治

＊対話は、岡山が編集にたずさわり白石も寄稿した『大学事典』（平凡社、二〇一八年）の刊行を契機としてはじまった。「V　資料」に、本書の内容と直接かかわるいくつかの項目を同事典から再録した。あわせて、対話のもうひとつの出発点であるそれぞれの紀要論文もくわえた。

table des matières 新大学原論❖目次

私のこれまでの人生の過程で、現実が何度も私を失望させたのは、その現実を知覚する瞬間に、美を享受する唯一の私の器官である想像力が、不在のものしか人は想像できないという避けられない法則のために、その現実に適用されなかったからだ。

マルセル・プルースト／鈴木道彦訳『失われた時を求めて』第一二巻、三七六頁

## 大学／文学の近現代 概史

1789.7　フランス革命勃発
1793.9　フランス国民公会，国内22の大学を廃止。100年にわたる「不在の大学」の時代がはじまる
1798　カント『諸学部の争い』刊行
1804　ナポレオン，フランス第一帝政の皇帝に即位
1806.5　ナポレオンの構想による「帝国大学システム」法制化
1810　ドイツでフリードリヒ・ヴィルヘルム大学（現ベルリン・フンボルト大学）創設，「近代的大学」の祖型となる
1814.4　ナポレオン失脚，フランス王政復古
1819.6　ギュスターヴ・クールベ生誕
1821.4　シャルル・ボードレール生誕
　12　ギュスターヴ・フロベール生誕
1830.7　フランス七月革命，「ブルジョワ王政」開始
1832.1　エドゥアール・マネ生誕
　6　フランス六月暴動
1840.4　エミール・ゾラ生誕
1842.3　ステファヌ・マラルメ生誕
1845-46　ボードレール，サロン評でドラクロワ《民衆をみちびく自由の女神》を絶賛
1848.2　フランス二月革命，王政打倒
　6　フランス六月蜂起
1852.12　フランス第二帝政開始
1855　クールベ《画家のアトリエ》完成。5年前に描いた《オルナンの埋葬》とともにパリ万博に出展応募するも落選し，会場近くに小屋を建て勝手に「個展」を開催
1856.10-12　フロベール『ボヴァリー夫人』連載。翌57年1月「公序良俗および宗教にたいする侮辱」で起訴される（2月，無罪確定）
1857.4　フロベール『ボヴァリー夫人』刊行
　6　ボードレール『悪の華』刊行。101篇中6篇の詩が「公序良俗および宗教にたいする侮辱」で有罪とされ，多額の罰金を科される
1862　ヴィクトル・ユゴー『レ・ミゼラブル』刊行
1863　マネ《草上の昼食》発表
1865　マネ《オランピア》発表
1867.8　ボードレール没
1870.7　普仏戦争勃発（～71.5）。秋以降，民衆蜂起つづく

1870.9　フランス第三共和政開始
1871.3　パリ・コミューン樹立
5　政府軍による弾圧・虐殺によりコミューン倒れる
7　マルセル・プルースト生誕
1873.1　シャルル・ペギー生誕
1877.4　日本初の大学として東京大学創設（官立）
12　クールベ，亡命先のスイスで客死
1883.4　マネ没
1885.5　ユゴー没
1886.3　日本，帝国大学令公布。東大が帝大となる
1894.3　マラルメ，オックスフォードとケンブリッジで「音楽と文芸」と題する講演
8　マラルメ，『ル・フィガロ』紙で「文学基金」を提唱
12　ドレフュス事件勃発
1896.7　総合大学設置法によりフランスに 15 の大学が復活
1897　京都帝国大学創設，帝大は東京帝大となり，以後昭和戦前にかけて各地に帝大が設立される
1898.1　ゾラ「われ弾劾す」発表
9　マラルメ，未完の『エロディアードの婚礼』を遺して死去
1902.9　ゾラ変死
1906.7　ドレフュスに無罪判決
1908.11　クロード・レヴィ゠ストロース生誕
1914.7　第一次世界大戦勃発。9 月，ペギー戦死
1918.11　第一次世界大戦終結
12　日本，大学令発布
1922.11　プルースト，未完の『失われた時を求めて』を遺して死去
1939.9　第二次世界大戦勃発
1940.7　ヴィシー傀儡政権がフランス第三共和国憲法破棄を宣言
1945.8　第二次世界大戦終結
1946.10　フランス第四共和政開始，憲法においてすべてのレヴェルの教育の無償化と政教分離が謳われる
1947　日本，学校教育法にもとづき高等教育の再編
1948　日本，新制大学の認可はじまる
1950.6　朝鮮戦争勃発
1954.11　アルジェリア戦争勃発
1955.1　レヴィ゠ストロース『悲しき熱帯』刊行
11　ヴェトナム戦争勃発
1958.9　フランス第五共和政開始
1959　日米安全保障条約反対闘争（60 年安保）
1960「アフリカの年」。旧仏植民地 13 か国をふくむ 17 か国独立

1966.12　国連総会で「高等教育の漸進的無償化」をふくむ国際人権規約が採択
1968.5　フランスで学生・労働者が一斉蜂起，世界をゆるがす（五月革命）
11　フランスで高等教育基本法（通称エドガー・フォール法）が成立
1969　エドガー・フォール法にもとづきパリ大学が 13 の独立した大学に解体・改組される
1970　日米安全保障条約改定反対闘争（70 年安保）
1973　「新構想」による筑波大学法案成立
1976　国際人権規約発効
1979　サッチャーがイギリス首相に就任，ネオリベ改革開始
1984　中曾根康弘首相の主導で臨時教育審議会設置，ネオリベ改革開始
1989　フランス，高等教育に契約政策を導入
1991　日本，大学設置基準の大綱化，各種規制緩和開始
2003　石原慎太郎都知事の介入で都立 4 大学の大混乱はじまる
中国で，翌 04 年にはイギリスで「世界大学ランキング」開始
2004.4　国立大学法人化開始，大学は「市場原理にそって経営される法人」とみなされる
2007.8　フランス「大学の自治と責任に関する法律（LRU）」成立
2009.2　フランスで大学動乱はじまる。以後数年にわたり世界各地で「国家・経済による大学の包摂」に抗する大規模なストやデモが頻発
2011.3　東日本大震災
2012.9　日本，国際人権規約の「高等教育の漸進的無償化」条項留保を撤回
2018.2　フランス，バカロレア制度改革案発表，パルクールシュップ（選抜制度）導入
2019.12　新型コロナウイルスによるパンデミック発生
2021　日本，10 兆円規模の「大学ファンド」開始
2022.2　ロシア，ウクライナ侵攻開始
11　中央大学で「だめライフ愛好会」結成，以後全国に波及
2023.10　「2023 パレスチナ・イスラエル戦争」勃発
12　国立大学法人法改悪

# I

# 大学無償化とはなにか

## 「大学無償化」の現在地

**白石**　大学をめぐる問題は、さまざまな位相で生起しています。たとえば、いまも各地で戦争がつづいていますが、犠牲になるのは、大学にかようような年齢の、おもに男性です。あるいは、気候危機とパンデミックのなかで、大学じたいのありかたがゆらいでいる。

われわれとしてはまず、「大学の無償化」という問題をおさえなおしておきたい。[*1] 岡山さんの著書『ハムレットの大学』（新評論、二〇一二年）もふくめて、われわれはこの二〇年ずっと、**大学は無償化されなくてはならない**と訴えつづけてきました。

ひとつの根拠は、国際人権A規約一三条二項cにさだめる「高等教育の漸進的無償化」[*2] にあります。三〇年余にわたり、この部分をこばみつづけてきた日本政府が、やっと二〇一二年に——東日本大震災のあとで——その留保を撤回した。最後から二番目というのろまぶりでしたが、ともあれ、無償化

＊1　高学費が問題化するなか、二〇一九年に「大学等における修学の支援に関する法律」が成立し、翌二〇二〇年度より「高等教育の修学支援制度」がはじまった。通称「大学無償化法」とよばれるこの法律がまったくの羊頭狗肉であることについては、栗原康「大学はちっとも〝無償化〟なんかされてない！」（『奨学金なんかこわくない！——『学生に賃金を』完全版』新評論、二〇二〇年、二六二 - 二六九頁）を参照。

の責任が政府に生じた。

同時に、この二〇年ないし三〇年の貧困化において、政策として大学無償化が語られるようになった。あの日本維新の会ですら、改憲の口実としてではあれ、「幼児期から大学までの教育の完全無償化」をかかげている。

「大学の無償化」とは、ほんらいなにを意味するのか？　そのことをあらためて考えてみたい。「無償」とはいったいどういうことか？　それがなぜ大学というものとくっつかなければいけないのか？　政治家たちの口にする「無償化」は、ほんとうにわれわれのもとめてきたものなのか？

じっさい、内田樹・前川喜平・寺脇研の鼎談本『大学と教育の未来』（武久出版、二〇二二年）でも指弾されているように、大学から自治をうばう「改革」は、その最終局面に入っている。[*3]　つまり、大学はタダでいいけれど、自治はありえない。無償性の獲得と自治の喪失がバーターになっている。それが「大学無償化」をめぐる議論の現状です。だからこそ、維新のような保守的な人たちも公然ととなえはじめたのでしょう。つまり大学に自治がないのならば、もはや授業料という「金銭による検閲」（ブルデュー[*4]）も必要ないということなのでしょう。

## 反戦の構想としての無償化

白石　こうした現状をふまえたうえで、大学無償化の経緯といいますか、なぜそれが戦後日本でもとめられることになったのかなどを、ふりかえっていただけますか。もともとヨーロッパでも、大学というのは無償ではなかったわけですよね。

岡山　そうですね。フランスでも、「高等教育の無償化」が憲法のレヴェルで確認されるのは、ようやく第二次世界大戦後になってからです。それ以前はずっと有償だった。ヨーロッパで大学が誕生

＊2　国際人権A規約（社会権規約）第一三条二項c：「高等教育は、すべての適当な方法により、特に、無償教育の漸進的な導入により、能力に応じ、すべての者に対して均等に機会が与えられるものとすること」。直前のbでは「中等教育の無償化」をさだめる。一九六六年国連総会で採択、日本は七九年に批准したものの、b・cについては留保をつづけた。ようやく撤回した二〇一二年の時点で、締約国一六〇か国中、留保中なのは日本とマダガスカルの二か国だけとなっていた。

＊3　いま大学の経営統治のありかたにたいして、行政の側からあらたな圧力がかかりはじめている。そもそも、大学の研究や教育をめぐる決定権は教授会にあった。それが国立大学法人化（二〇〇四年）以降、理事会に移行し、こんどはさらに、第三者からなる「評議会」に決定権をうつせという。それによって、大学を社会の完全なコントロール下におこうというもくろみである。本書一三五頁以下も参照。

＊4　ピエール・ブルデュー／原山哲訳『資本主義のハビトゥス』藤原書店、一九九三年。

した中世のころだって、学生は教師に謝礼をはらって教えを請うていたわけだし、授業料や寮費をおさめるシステムのもとではじめて大学が機能するという状態が何百年もつづいていた。もちろん、奨学金制度などによって、貧しい人たちにも道をひらく措置はなされていたにしても、基本的には家にお金があって、親が援助してくれるような人たちしか、大学には行けなかった。

それが第二次大戦を境に、はじめて大学そのものが無償化されるにいたる。その背景には、戦争にたいする反省というものが当然あったと思われます。フランスにかんしていえば、初等・中等教育は義務化のプロセスのなかで、それぞれ一八八〇年代と一九三〇年代に無償化されましたが、高等教育については遅れていた。戦後、ある種の偶然がはたらいて、第四共和国憲法（一九四六年公布、五八年施行）で「すべてのレヴェルでの教育の無償化」（と脱宗教化）が規定され、大学無償化は国家の義務であるということになった。

悲惨な戦争をへて、その反省をふまえて、**二度と戦争をしないためには大学の無償化が必要だ**と考えた人びとがいて、それが現実になった。その背景としては、ひとつには当時の政治的文脈、つまり共和派、共産党系、社会党系の各勢力の、憲法制定議会における力のバランスといったものがあった。そのいっぽうで、すでに戦時中にランジュヴァン゠ワロン計画[*5]とよばれる教育改革案が提出されていて、そこに「すべてのレヴェルでの教育の無償化」が謳われていた。それが戦後にたまたま実現してしまったというのが、ほんとうのところかもしれません。歴史をたどってみると、ある意味「瓢箪から駒」だったというか。

「大学を無償化すれば戦争はおきない」というような、直接的なむすびつきはないのでしょう。しかしこのころ、戦争という、想像を絶するカタストロフへの驚きや衝撃が共有されていたことはたしかです。日本の憲法に「**戦争の放棄**」が書きこまれたことも、フランスの教育無償化と比肩する歴史的出来事といってよいのではないかと思います。戦争を経験したことで、天井が抜けたというか、それまでとはちがうあらたな世界がつくられねばならないという希望あるいは期待がわきおこり、二度と戦争をしないための誓約が、憲法のレヴェルでおこなわれた。教育無償化については、フランスの第四共和国憲法公布から二〇年後、国際人権規約（社会権規約）における「高等教育の漸進的無償化」というかたちで国際レヴェルで明文化され、批准国がどんどんふえていって、日本もじつに遅ればせ

＊5　つぎのふたりの知識人の名にちなむ。大戦下の一九四四年、共和国臨時政府のもとで、国際競争力の強化を目的に教育改革検討委員会が立ちあげられ、物理学者ポール・ランジュヴァン（一八七二‐一九四六）が初代委員長に就任した。かれの没後は心理学者アンリ・ワロン（一八七九‐一九六二）が委員長となり、プロジェクトをひきついだ。ランジュヴァンはドレフュス事件のさいにはドレフュス側につき、ドイツ占領下では反ファシスト活動家として名をはせた。またワロンは、発達心理学の観察によってラカンの「鏡像段階」概念の形成に影響をあたえたことで知られる。

ながら、ようやくそこにくわわるにいたった。それが戦後から現在までの大きな流れかと思います。

つまり、**大学の無償化は、歴史的にみてごくあたらしい事態だ**ということです。

教育は家庭の責任である、あるいは国の責任である、いろんなふうにいわれますが、公共的なレヴェルで、次の世代の人類をそだてる、みなで協力しながらはぐくんでいくという考えかたも当然あっていい。そのばあい、大学の授業料は公的な資金ですべてまかなうべきだし、スカンジナヴィア諸国などではそれがほぼ実現している。フランスも、なにしろ憲法にそう書かれているので、実現する方向でうごいてきた。日本も批准したからにはその前提をみとめたことになっているはずだけれど、あろうことかそれが大学の自治の喪失とセットにされて、政治的なメニューとしてのみ取り沙汰されている。

国家や社会にたいして批判的な機能をはたすには、大学は自律してあらねばなりません。国家からお金を出してもらえば、それに拘束されて自由をうしなうと主張する人もいて、一面ではたしかにそうかもしれないけれど、そういう考えかたそのものをみなおしてみる必要がある。日本では、教育とは個人的なこと、個別の家庭の問題であって、親が子どもにたいして責任をもつもの、という思いこみみたいなものが根づよくあります。それを基準にして、日本の高等教育全体が私学に過剰に依存する状況が生じている。たとえばそういう状況じたいが、無償化の議論のなかで問いなおされなければいけないはずです。

**白石**　大学の歴史についてはあとでじっくりふりかえりたいと思いますが、その八〇〇年にわたる歴史のなかで、「大学の無償化」というアイディアは、第二次世界大戦後のフランスから出てきたものである、と。そのあと、国際人権規約に織りこまれ、いわゆる「戦後」とよばれる時代をつうじて、世界的にひろまってきたということですね。

お話のなかで非常に印象的だったのが、**「大学無償化」と憲法九条が歴史的にパラレルな出来事だった**ということです。多くの参戦国で、第二次大戦中に男子の大学進学率がぐっとあがる。若い男性がばたばたと死んでいくなかで、経済的に余裕のある層が息子たちをこぞって大学にかよわせる。合法的な徴兵忌避です。[*6] 裏をかえせば、貧しい家の息子たちは兵士になるしかなかった。そうした現実をまのあたりにすることなしに、大学の無償化というアイディアは生まれなかったと思います。「大学の

＊6　日本でも戦時中（一九四三年の学徒動員まで）は、兵役法により「大学令のさだめる大学の学部生」（ひと握りの特権階級の子弟）や高等師範学校生（貧しい家庭の秀才）は二七歳まで応召を延期できた（一九三九年には二六歳に引き下げ）。その目的は第一に「未来の指導者層の保護」、第二に、徴兵延期の特典を享受した元学生たちが、大日本帝国に報恩すべく、退役後も教育勅語の精神を国民に注入するよう促すことだった（彦坂諦「学生さんまでが戦争にいった?」、『ひとはどのようにして兵となるのか（上）』罌粟書房、一九八四年、一五一 - 一六七頁）。

無償化」とは、つづめていえばある種の**反戦の表現**であり、もともと反戦のために設立された国連をつうじて世界的にひろまっていったともいえるのではないでしょうか。

じっさい、こうした「大学無償化」と同時に、女性差別の撤廃がとなえられる。戦後の三つの反戦の表現です。植民地をめぐって、男たちがひきおこした戦争。一九世紀以来の帝国主義的な秩序を葬るためには、まずは**植民地と女性**がそれぞれ解放されなければならない。そしてこのふたつにくわえて、だれもが大学で学べる世界が展望される。「大学の無償化」も女性や植民地の解放とともに、戦後の反戦の正義にその起源をもつことは思いかえしておくべきでしょう。

## 「帝国的社会」のなかの大学

**岡山**　戦後の大学というものを考えるさい、戦争がもたらした巨大なカタストロフを考えないわけにはいかないのですが、ではなぜそれがおきたかというと、一九世紀に「**帝国的社会**」(歴史家クリストフ・シャルルの言葉です)が成立し、地球規模の覇権をめぐって大国どうしが相争うようになり、やがて世界大戦にいたったという背景がある。いっぽうでその「帝国的社会」が、高等教育を成立・維持させるうえで、少なからぬ貢献をしてきたという事実があります。高等教育は「帝国的社会」のなかで、国家をになうエリートのみならず、中間管理職のような人びとをも養成し、なおかつ徴兵によって兵器としての人材も供給する役割をになった。しかし、そうした「帝国的社会」のなかでの大学の役割というものが、文学者たちによって、あるいは人民大学[*7]のような試みをとおして、すこしずつ批判されるようになっていく。そのなかで**ドレフュス事件**（一八九四年-）のような出来事もおきて、「知識人」や大学の批判的役割が注目され、相乗的に「帝国的社会」への批判も高まっていきます。

かたや、たとえばドレフュス派のなかから、政治的権力の掌握に固執するクレマンソーのような人も出てくる。一時は社会主義者として政府に抗っていた人物が、事件後は炭鉱労働者のストを弾圧する、対独強硬策を主張するなどして、完全に「帝国的社会」側の人間になる。第一次大戦前後のフランスでは、こうした人びとがしきりにドイツの脅威を叫び、愛国心があおられていきます。ドレフュス事件で分断されたフランスの「帝国的社会」は、国家のアイデンティティをたもつにあたって、ドイツのような「敵」を必要としたのかもしれません。普仏戦争での敗北（一八七一年）はフランス科

＊7　一九世紀後半に各地で創られた「人民大学」は、義務教育が始まる以前に子ども時代を送った大衆層にも学ぶ機会をあたえるために民間団体が立ちあげたものだった。その最盛期はドレフュス事件と重なり、極端な反ユダヤ主義に対抗して一般大衆を啓蒙するうえで重要な役割を果たしたといわれる。シャルル・ペギー／宮林寛訳『クリオ――歴史と異教的魂の対話』河出書房新社、二〇一九年、三九九頁の訳注を参照。

学の敗北だったというので、一九世紀末以来「大学改革」の必要性が謳われていくけれど、それもソルボンヌのような立派な校舎をつくって、「世界に冠たるフランスの大学」を誇示するなど、大学が国家の威信をしめす道具のようにあつかわれていた。

こうした高等教育の状況にたいする絶望的な意識が、一九世紀以来の文学の枠組みのなかで醸成されていき、シャルル・ペギーやマルセル・プルーストといった人たちによって、大学のにないえない批判的役割を文学で実現しようとする運動がおきてきます。それがその後の「**大学と文学**」の関係を規定していくことにもなる。[*8] しかしその運動も、第一次世界大戦という、予期せぬ巨大な戦争が出来したことで一時的に停止する。プルーストもペギーも、ある意味ではその渦におしつぶされてしまいます。しかし、そこからおよそ三〇年、二度目の世界大戦をへてようやく実現する戦後の大学無償化に、こうした文学の運動もまた、つながっているはずです。

**白石**　くりかえしになりますが、大学無償化は反戦のプログラムと一体であり、反植民地、反女性差別ときりはなせない。戦後のあたらしい世界のしるしです。それがふたつの大戦のあとに生まれてきた。いまお話にあったように、一九世紀的な文脈のなかで煮つまっていく「帝国的社会」が、第一次大戦でカタストロフをむかえる。世界大戦は一次、二次とあるけれど、本質はおなじで、ヨーロッパにとっては一次のほうがむしろショックが大きかった。第二次大戦は第一次大戦のヴァリエーションとしてとらえられている。なにがショックだったかといえば、「帝国的社会」のもつ「産業社会」の側面が、第一次大戦をもたらしたということだと思います。

いま、戦争の動画が日々ネットに上がっています。たとえばウクライナ兵がスマホで撮影したものには、対空ミサイルでロシアの戦闘機を撃つようすが映っている。シュルンシュルンシュルンシュルンシュルン……標的めがけて砲弾が飛んでいく音が、工場の音とおなじです。工場の機械とかわらないリズムと頻度で、あたかも工場でなにか製品を生産するかのように……

みていてはっきりとわかるのは、これは戦闘というようなものじゃない。まったくの労働です。工場でものをつくるように死体をつくっていく。そういった戦争のありかたが――かつてポール・ヴィリリオが『戦争と映画』（石井直志・千葉文夫訳、平凡社ライブラリー、一九九九年）で強調したことですが――

＊8　「大学と文学」の共同的な、ときに緊張をはらむ関係は現在もつづいている。フランスの大学「改革」を強硬におしすすめようとしていたサルコジ大統領は二〇〇九年、「文学／人文学の無用性」の象徴として、おそらくはじめて「描写」を主体に書かれた一七世紀の小説『クレーヴの奥方』（一六七八年）をやり玉にあげ、「あんなものを読んでいったい何の役に立つのか」といいはなった。これにたいして大学側は一年にわたるゼネストで徹底抗戦した。翌二〇一〇年にはイギリスで、授業料自由化方針に抗う学生と教員のデモがくりかえされ、「ブックブロック」とよばれる、小説や哲学書のタイトルを大書した「書物の盾」をかかげる若者たちが街路をうめつくした。白石嘉治『青空と文字のあいだで』新評論、二〇二二年、一六五・六六、一八八・八九頁参照。

大規模にあらわになったのが、第一次世界大戦だった。機関銃《マシンガン》の脅威、毒ガスの使用、そしてえんえんとつづく塹壕戦。華々しい戦闘とか、兵器をあつかう職人的な熟達は必要ない。ミシンで布を縫うように、戦場で死体を生産していく。

さきほどお話にあったような文学の運動も、そのショックのひとつのあらわれでもあったのだと思います。プルーストも『失われた時を求めて』(鈴木道彦訳、全一三巻、集英社文庫ヘリテージシリーズ、二〇〇六‐〇七年)のなかで第一次大戦の経緯を詳細に追っていますし、親しい友人を亡くしてもいる。あるいはおなじショックのなかで、ダダイスムやシュルレアリスムも出てくる。**「帝国的社会」に別れをつげなければいけない。**これが反戦としての「大学無償化」の背景なのでしょう。

## 無償性に根ざした「未開」へ

白石　あるいは、こうした戦間期に文化人類学もはじまる。**見返りをもとめない生**とはなにか、ということが探求されます。ヨーロッパを中心とした資本主義のもとでの「帝国的社会」では、多かれ少なかれ、いつも見返りが前提されている。そういう見返りがいっさいない、「未開社会」の探求がはじまる。たとえば、さいきんでも、ブラジル・アマゾン奥地に住むピダハンやタイ・ラオスの山岳地帯に住むムラブリについての報告などが印象深いです。[*9] そこでは「ありがとう」という言葉がなかったりする。互酬が基本なので、なにかしてもらっても「ありがとう」という必要はない。

そういう生のありようは、J・C・スコットの『ゾミア』（佐藤仁監訳、みすず書房、二〇一三年）で広範かつ詳細に語られていますが、その冒頭のエピグラフにはピエール・クラストル『国家に抗する社会』からの一節が引かれています。[*10] クラストルの見たてはこうです。西洋が「未開」と名ざしてきたものは、文明に遅れた未成熟な状態なのではない。文明を拒否した人たちが、絶対的な平等社会をつくろうとして立ちあらわれたもの、それが「未開社会」なのだ。そういう「国家に抗する社会」のなかでは、無償性がベースとなる。恩義なく生きていく。それがクラストルの夢みた、（実証的にというよりは）権利上存在しうる「未開社会」でした。

＊9　ダニエル・L・エヴェレット／屋代通子訳『ピダハン――「言語本能」を超える文化と世界観』（みすず書房、二〇一二年）、伊藤雄馬『ムラブリ――文字も暦も持たない狩猟採集民から言語学者が教わったこと』（集英社インターナショナル、二〇二三年）、奥野克巳・伊藤雄馬『人類学者と言語学者が森に入って考えたこと』（教育評論社、二〇二三年）など。

＊10　歴史をもつ人民の歴史は階級闘争の歴史である、と言われる。すくなくとも同様の確かさで、以下のようにも言えるだろう。歴史をもたない人民の歴史は対国家闘争の歴史である、と。（ピエール・クラストル／渡辺公三訳『国家に抗する社会』水声社、一九八九年、二七二頁。訳文は『ゾミア』のエピグラフとはことなる）

二度の世界大戦をつうじて、こうした「未開」がみいだされたのでしょう。そのなかで、大学の無償性も発明されたといえるはずです。もちろん、当時の政局の一種の綾で、憲法に組みこまれるにいたったという経緯はあるのでしょう。しかし、共和派・社会党・共産党といった政治的立場をこえて、「これはあったほうがいいよね」という直感がはたらいて、大学無償化に結晶した。それが、文明がもたらすもの、つまり戦争、植民地主義、男女差別といったものの拒否と連続しているのは、当然といえば当然でしょう。

同時に、はじめの話にもどりますと、たとえば憲法九条を抹消したい人たちにとって、大学が「無償であり、かつ自治を有する」場だと、大学が「国家に抗する社会」とおなじになってしまう。だから、国家なり経済なりに包摂するために、無償にするかわりに自治をうばおうとしている。「自衛隊は軍隊じゃない」と強弁して憲法九条を骨抜きにするのとおなじようにです。戦後発明された、**国家や経済にまつろわない共同性としての大学**の、国家や経済による包摂がもくろまれている。

はじめは教授会から人事権をうばい、カリキュラム編成だけやらせた。ほんらい人事とカリキュラム編成は一体で、ある授業をだれに担当させるかは、人物や専攻やこれまで書いてきたものをじっくりみて、教授会できめるべきことで、理事会にゆだねられるような問題ではないはずです。にもかかわらず、最終的に、それを外部団体の「評議会」なる組織にゆだねようとしている。真の無償性が発生しかねない大学の空間を、国家や経済の有償性の側にとりこもうという動きであることはあきらかだと思います。

## **「普遍契約」としての大学**

**白石**　岡山さんは、ご自身が編集にたずさわった『大学事典』（編集代表：児玉善仁、平凡社、二〇一八年）で、「契約と大学」という大項目を執筆されています（本書Vに再録）。そのなかで、こうした現代の国家が大学に課す金銭的なたがを、**「契約関係の擬制」**と表現されています。そして、擬制による「契約政策」をおわらせるには、**「普遍契約」**というあらたな契約の成立が必要だろうと述べています。国家や経済による大学の包摂をふたたび断ち切り、大学における見返りのない無償性というロジックを建てなおすうえで、おおいにインスピレーションをあたえられる言葉です。この「普遍契約」について、すこしくわしくうかがえますか。

**岡山**　契約の概念は、大学の草創期からすでにありました。一二世紀末ごろ、法学がさかんだったボローニャで最初の大学ができるときも、[*11] 学生と教師のあいだでかなり明確な教授契約がむすばれています。教師は教える内容を、学生たちはそれにたいする報酬額を明示し、公証人を立てたうえで、きちんと文書化したようです。学生は交渉を有利にはこぶために連帯するようになり、それが**ナチオ**（同郷団）の結成、ひいては複数のナチオからなる**ウニヴェルシタス**[*12]（大学団）の形成にいたる。神学部がつよかった北フランス（パリ大学）ではすこし事情がちがっていて、契約よりも、ナチオやウニヴェルシタスという共同体＝法人にくわわるにあたっての誓約《プロフェッシオン》が重視されるようになっていきます。

しかし、そうした中世的な契約ないし誓約のありかたは、大学の制度がととのうにつれ、しだいに形骸化します。一七、一八世紀になると、大学そのものがある意味で停滞に陥り（五〇‐五一頁参照）、それに疑問をいだいた思想家たち——ホッブズ、ロック、ルソー、そしてカント——によって、「社会契約」という考えが語られるようになります。個人と国家が契約によってむすばれることで、人間は自然状態から社会状態へと移行し、人権や自由がまもられるという考えかたですね。そのなかで近代の大学も、「社会契約のなかでなりたちうる組織」として構想されていきます。

国家と個人が契約をむすぶさい、いわばその中間団体として大学はどのようにあるべきか。これを厳密に考えたのが晩年のカントでした（『諸学部の争い』一七九八年）。それによれば、哲学部は「下級学部」ではあるけれど、神学・法学・医学の「上級三学部」とはちがって、なにをいおうが、考えようが、国家から独立して自由に真理を探究する。大学とは、この哲学部と上級三学部がたがいに牽制しあうことによってこそなりたつ場であり、大学の自律と自治をになうのは哲学だという認識です。

カントの構想した法人としての大学像はヘーゲルにうけつがれ、やがてさまざま矛盾をふくみつつも、ベルリン大学という、ドイツ独自の近代的大学として結実していく。

いっぽうイングランドでは、フランスともドイツともちがって、オックスフォードとケンブリッジというふたつの特権的な大学が、一九世紀、二〇世紀になっても自治を維持していました。第一次大戦によるインフレで公的資金にたよらざるをえなくなっても、一種の聖域としてたもたれつづけた。しかし、一九八〇年代になると、サッチャー主導下でネオリベラルな改革が断行されます。大学の自治はみとめるが、公的資金が欲しければ国家の評価と査定をうけよ、ということになった。「聖域」に多額の資金をあたえるうえで、「契約関係の擬制」（これは、文部官僚として戦後の大学政策を主導し

＊11　ボローニャ大学は一八八八年に独自調査をおこない、一〇八八年が大学創設の年であるとさだめて「創立八〇〇年祭」を開催したが、自然発生的にはじまっているため明確な裏づけはない。

＊12　元来、ウニヴェルシタスという言葉は、人的あるいは物的な総体のような全体性や普遍性を表すものとして用いられ、やがて団体ないしは結社の多様な形態を表すものとして使用された。そして、それが学生ないしは教師と学生の自治団体組織にも使われるようになったのである。「大学」が成立する一二世紀から一三世紀にかけての法的論議の中でも、ウニヴェルシタスはローマ法の「集合性」と「全体性」を土台としながら、個人の集合体すべての一般的な概念として用いられ、成員共通の一般意志による団体の意志と、公的承認による法的権利主体である一個の法人団体を意味するようになった。こうして中世都市の諸団体の形成動向の中の一つとして表れた、教育のための法人団体にもウニヴェルシタスという言葉が使用された。（児玉善仁「大学の概念」、『大学事典』三頁）

た大﨑仁氏の言葉です）が必要とされたのです。

この擬制はフランスにも波及し、一九八九年に「**契約政策**」がはじまります。大学は政府とのあいだで四年契約をむすべば、通常予算のほかに補助的予算をもらえることになった。お金が欲しい大学は、四年ごとにみずからの「経営状態」を分析し、「発展計画」をたて、国のお墨付きをえなければならない。うまくこなせた大学は経済的にうるおい、その学長は強大な権限をもつことになりました。

こうした「契約の擬制」という考えかたが、大学を金銭で縛り、その存立を市場と「自己責任」にゆだね、淘汰を許容する姿勢につながったことは否定できません。いまやお金になる研究をしているかどうか、世界ランキングで何位に入るかで大学を秤にかけることがあたりまえになってしまった。「市場で生き残れる大学」がいい大学だという、倒錯した改革が猛威をふるう。それが日本にもおよんで、われわれはその廃墟のなかにいるわけです。

いまあらたな契約のアイディアを提示するとしたら、普遍性 universalité の概念を組みいれざるをえないのではないかと思います。コレクティフ・アシッド[*13]（acides =酸っぱい者たち?-）と名のるフランスの大学教員のグループは、二〇一五年に『学費を止めよう！ 無償と解放の高等教育のために』というちいさな本を出版しました。かれらはそのなかで、高等教育の無償化にくわえて、「普遍的自律支援手当（AUA：Allocation universelle d'autonomie）」というものを提案しています。いわば「**学生にあ**

たえる年金」で、ベーシックインカムにも似たところがあります。じぶんの将来のためにお金を積み立てる方式ではなくて、すでにはたらいている者が、次世代の若者たちの学生生活をささえるためにお金を拠出する、いわゆる賦課方式です。さらに相続税や贈与税の増額、累進課税の徹底、多国籍企業の税逃れの阻止といった施策をとれば、財政的にじゅうぶんなりたつと主張しています。自己責任的な考えかたじゃなく、社会全体に還元されるような年金（ほんらい年金というのはそういう相互扶助の精神によるものだったのでしょうが）、それを学生にたいして応用してみようというわけです。

たとえ授業料がかからなくても、学生だって生活しなきゃいけないし、親が金持ちでもなければアルバイトをしなければならない。バイトをすれば、思う存分勉強することはできなくなる。じっさいフランスでは、高校を卒業した者はだれでも大学に入れるいっぽうで、[*14] 生活費がまかなえなかったり、

*13　ACIDES : Approches Critiques et Interdisciplinaires des Dynamiques de l'Enseignement Supérieur. 直訳すれば「高等教育のダイナミクスにたいする批判的・学際的アプローチ」。現在のメンバー数は一二名。本の原題は *Arrêtons les frais ! Pour un enseignement supérieur gratuit et émancipateur*, Raisons d'agir, 2015. かれらはこの本のなかで、「月六〇〇ユーロの基本給付にくわえ、一人暮らしの者にはプラス住居手当四〇〇ユーロ、最大一〇〇〇ユーロ（日本円にして月一〇〜一六万）」を提案している。バイトをせず好きな勉強にうちこめる額とはいいがたいが、議論の出発点にはなる。フランスの学生数にてらせば年二四〇億ユーロ（三兆六〇〇〇億円）の予算が必要となるが、本ではその財源についても精細な試算がおこなわれている。

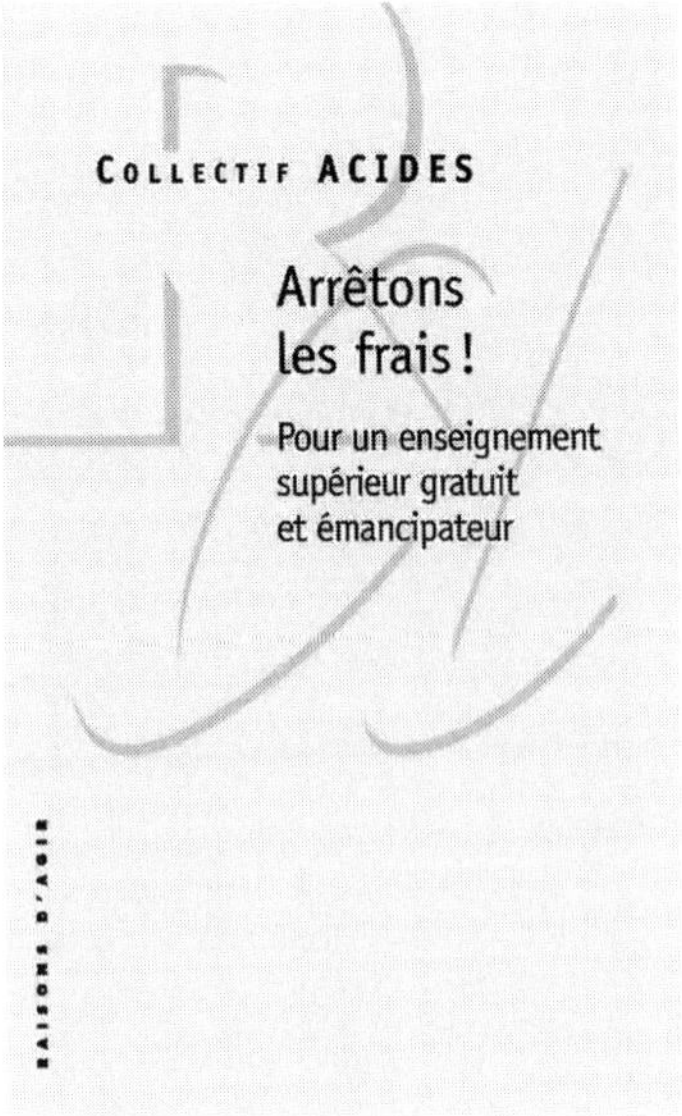

コレクティフ・アシッド
『学費を止めよう！』（2015）表紙

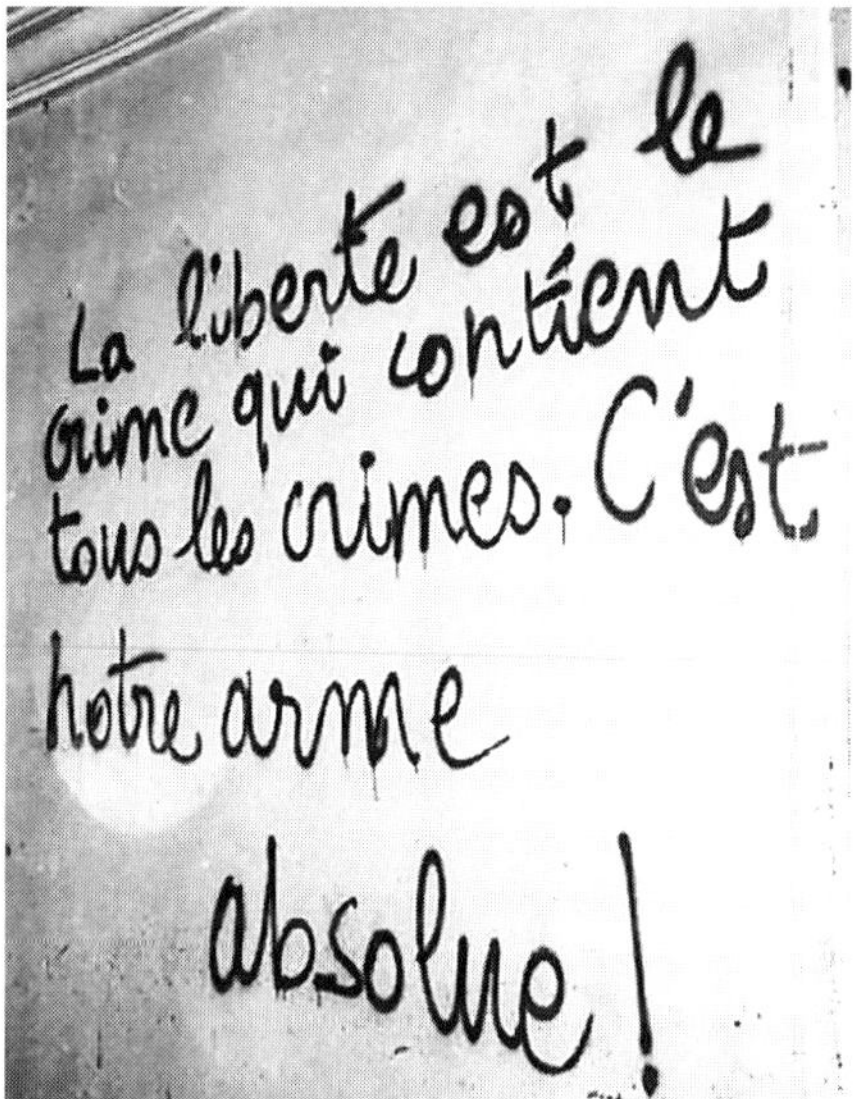


「自由とは，あらゆる犯罪をふくむ犯罪である。これがわれわれの絶対的な武器だ」。1968 年 5 月，ソルボンヌの壁に書かれたもの

講義についていけなくなったりして中退するケースがかなり多い。コレクティフ・アシッドの問題意識もそのあたりに発しています。こうしたシステムができてはじめて、大学無償化も生きてくるのではないか。年金があれば、学生は親からの援助がなくても自律できる。**たんに授業料をゼロにしただけでは、学生と大学の自律はたもてない。**

もちろん、無償になるにこしたことはないし、日本でおこなわれている無償化運動を否定するつもりはまったくありません。コレクティフ・アシッドにしても、授業料無償化を大前提としています（かれらはフランス政府にたいして、大学にもグランド・ゼコールなみの公的資金を注入すべきだと訴えてもいます）。フランスでも、グランド・ゼコールや各種専門学校のなかにはかなり高い授業料をとるところもあって、教育の「市場自由化」がじわじわとすすみつつある。いまのところかろうじて「聖域」としてまもられている大学についても、マクロン政権はイギリスや日本のように有償化したがっているのでしょう。[*15] そういう動向には徹底して抗わねばならないし、げんにフランスの大学生や高校生たちはつねに抵抗してきた。

でも、そもそも学生というものは、はたらかずに勉強していればいいはずで、「学生年金」はわれわれにそのことを思いださせてくれます。社会全体の行く末を考えても、年金制度がいきづまりつつあるなかで、いずれはベーシックインカムのような制度に移行しなければならないかもしれないし、アシッドの提案はそのための一歩になるかもしれない。**普遍契約**というものがあるとすれば、まさにそういう考えからはじまるのではないかと思っています。

## 潜在性にたいする共同性

**白石**　われわれが大学をタダにしろといいはじめたとき、なんてばかな人たちだろうと思われてました。いまや、われわれよりも愚かしいにちがいない維新がそういってますからね。

**岡山**　「見返りのない無償性」とか、「返さなくていい借金」なんて、あるわけないだろ、というのが社会ですから。ぼくがかよった高校の校訓《モットー》は「報恩感謝」でしたよ。ここまでそだててもらった、勉強をつづけさせてもらっているその恩をわすれるな、と。古めかしい言葉にきこえますが、その精

*14　フランスでは、日本の高校にあたるリセの卒業試験をパスすればバカロレア（中等教育修了資格）が授与され、それが高等教育・大学入学資格となるため、日本のような「大学入試」は存在しない。一三世紀に創立されたパリ大学で、学部ごとの卒業証書的なものとしてはじまり、ナポレオンの「大改革」時代に国家試験制度が導入されたことで、きびしい試験に合格したエリートだけに授与されるものとなった。長らくブルジョワ男性だけを対象としていたのが、一九世紀後半に女性にも門戸をひらき、さらに一九六八年の五月革命をへて現在のかたちにいたった。

*15　EU圏外からの留学生にたいしてはすでに授業料が課されている。

神はいまだに根づよくこの社会に浸透しているし、基本的に「見返りのない無償性」を主張することの意味を、政治家は理解しない。そういう人たちを選挙でえらんでるのはわれわれだから、われわれもまた理解できてはいないんだと思います。「高等教育の漸進的無償化」じたい、戦後に瓢箪からころがりでた駒のようなものだから、まだまだ浸透していない。国連レヴェル、EUレヴェルでも、推進しようにもできない状況があります。

**白石**　岡山さんは「契約と大学」の項のおわりに、こう書いておられます。「「普遍契約」とでも呼びうるような新たな契約が成立して、「普遍的なるものへのアクセスの条件が普遍化される（ピエール・ブルデュー）」ときまで、「契約関係の擬制」としての契約政策は続くだろう」。

このブルデューの言葉にある、「普遍的なるもの」とはなにか。現行の擬制としての契約関係は、いま実現しているもののあいだでの、ある種の交換関係です。けれど、いま実現しているものは、いま実現しているというだけで、べつに普遍的なものであるわけではない。じゃあ普遍的なものとはなにか？

哲学者のジルベール・シモンドンは『個体化の哲学』（藤井千佳世監訳、法政大学出版局、二〇一八年）で、実現する前の潜在的なもの、それだけが普遍的なものだといっています。いろいろなものが潜在していて、そのうちのごくごく一部だけが実現している、だから**普遍は潜在のなかにしか存在しないと**。だれも反論できないいいかたですね。そうすると、ブルデューの言葉は、「潜在的なもの＝実現していないものへのアクセスの条件が普遍化される」といいかえることができる。潜在的なものとの関係こそが、「普遍契約」において問われなければならない。ちょっと抽象的な表現になりますが、大学とは、**「普遍契約によってなりたつ、潜在性にたいする共同性である」**といえるのだと思います。いずれにせよ、今後いろいろな人たちが大学無償化をとなえるのでしょうが、「大学の無償化」というものが、**反戦、反植民地、反男女差別とむすびついた潜在的なものにたいする約束**なのだ、ということはふまえておくべきでしょう。

# II

# 中世の大学、近代の大学

## 「イマジネールな大学」再考

**白石**　岡山さんの『ハムレットの大学』も、あらためてふりかえっておきたいと思います。[*1] そこでは、おもにフランスの歴史や現状とてらしあわせるかたちで、「制度としての日本の大学の現実」を批判的に検証しつつ、「3・11以後」の大学と人文学のありかたが探求されています。岡山さんをふくめ、大学という制度の内部にいる者として、近年さまざまなことをいってきました。そのなかには、たとえば「大学をタダにしよう」とか、「大学における職員や教員の雇用形態をみなおそう」といった「現実的な提言」もあります。しかし、この『ハムレットの大学』という本でなによりも印象的なのは、「**大学とはイマジネールな場所である**」という言葉です。まずはこれをひとつの起点として、概念としての大学を考えなおしてみたいと思います。

このかん、とりわけ3・11——『ハムレットの大学』におさめられた文章は、この日付をまたいで

＊1　大学は八〇〇年前の水源から発していまも流れる「河」のようなものだ。その河のなかで教員はつねに若返る学生を眺めながら老いてゆく。〔…〕もちろん河を流れるにすぎない教員や学生には、水かさの増した河の護岸工事や、流れそのものを変えるような土木作業はできない。しかしそれは官僚や政治家など、すでに「陸」に上がった人たちに任せておける仕事でもない。（岡山茂『ハムレットの大学』新評論、二〇一四年、一頁）

書きつがれているわけですが――以後、「現実」と称するものに、なにもかもがひきずられていきました。大学も例外ではなく、「現実」の名のもとに、一定の方向へむけて強制的に、「改革」と称するものがおしすすめられている（もとより、ネオリベ的「大学改革」はすでに二〇〇〇年代初頭から本格化していたわけですが）。[*2] その結果、たとえば「地方大学における文学部の廃止」などという、非常に奇妙な状況、常識から考えてもありえない状況が出来している。もちろん、そうした個々の異常事態にたいして、いちいち疑義を呈していく必要があるわけですが、根を断ち切るためには、おおもとの話として、大学の概念をしっかりねりなおしておかなければならないと思います。

**岡山**　私が編集に参加し、白石さんにも寄稿していただいた『大学事典』も、まさに「大学の概念」という大項目ではじまっています。その冒頭を引用してみましょう（編集代表の故・児玉善仁さんが書かれたものです）。

大学と呼ばれている今日の組織は、一二世紀末頃のヨーロッパで生まれたものである。それ以前の時代には、今日の意味での「大学」と呼びうる高等教育機関は存在しなかった。もちろん、「大学」に匹敵する高等教育機関は、すでに古代からさまざまな国に存在してきた。プラトンのアカデメイアやアリストテレスのリュケイオンもその一つである。中国にもそうした機関はあった。日本の古代の大学寮などもそれに含まれるかもしれない。しかし、これらは高等教育機関であっても、「大学」とはいえない。中世後期のヨーロッパで誕生した「大学」という組織のみが、学部のような専門分野ごとのセクション、団体による試験や学位による学業の認定、テキストの使用や講義・討論の方法といった、現代にまでつながる伝統的な制度と機能の枠組みを作り上げた。こうした機能と特徴を持った高等教育機関のみを、われわれは「大学」と呼んできたのである。[*3]

まずここにある「大学の概念」は、西欧中心主義的であると批判されそうですね。いまや大学は世界のいたるところにあるのに、どうして八〇〇年も前のボローニャ大学、パリ大学がもちだされないといけないのか。それにオックスフォード大学もおなじころに成立したはずなのに、どうしてヨーロッパ大陸の大学のみが言及されているのか、など、いろいろ疑問は出てきそうです。

しかしボローニャ大学とパリ大学が、世界で最初にできた「大学」であるという事実は否定しよう

*2　岡山茂『国立大学法人化』前後のアレゼール日本の言葉から」(『ハムレットの大学』一八〇‐一九〇頁)、同「大学/文化──岡山茂氏に聞く」(白石嘉治・大野英士編『増補 ネオリベ現代生活批判序説』新評論、二〇〇八年、一八〇‐二二九頁)などを参照。

*3　児玉善仁他編『大学事典』平凡社、二〇一八年、二頁。

がありません。世界大学ランキングは毎年のように入れかわり、もしかしたら早稲田大学も一位になれないことはないけれど、早稲田大学が世界で最初に生まれた大学にはけっしてなれないのとおなじです。

フランスでは、大学が一三世紀から存在していたからこそ、一八世紀に創られた王立の土木学校や工兵学校、国立の高等師範学校、理工科学校などは、大学とはことなるものとしてエコール・スペシアル（専門学校）とよばれ、のちにグランド・ゼコール（大学校）となりました。アングロサクソンの国々や日本や韓国のように、エリートの養成も大学がになっている国にいると、グランド・ゼコールのようなエリート養成専門の学校が大学の外にあるフランスの例は、理解しがたいかもしれません。しかしともかく、大学は一三世紀にボローニャとパリに成立したあと、そこから世界にひろがったのです。引用のつづきを読んでみましょう。

このような「大学」は、最初イタリアのボローニャ、続いてフランスのパリで誕生した。ボローニャが学生主体の法学の大学であったのに対し、パリは教師が主体となった神学の大学として生まれた。どちらも自然発生的に出現したが、その後両大学をいわば母体として、さまざまな都市に大学は派生していくとともに、両大学は他大学創設のモデルともなった。またラテン語という共通語を土台にして、「大学」はヨーロッパ各地から学生を集めることで、きわめて国際的な性格を示すとともに、そこで授与される学位はあらゆる地域で有効な普遍性をもつことになるのである。

それにしても、「自然発生的に出現した」とはどういう意味でしょうか。大学は、国家や、企業や、民間の篤志家が創ったものではない。ローマ教会が創ったものでさえない。それではいったい、だれが、どのようにして大学を創ったのか。そういうミステール（神秘、謎、秘密）があるから、大学の歴史を学んでみようという気にもなったのだろうと思います。

いっぽうで、ご指摘いただいたように、「イマジネールな場所としての大学」というものもあります。われわれは大学にたいしてなんらかのイメージをもっている。そしてそのイメージは、われわれに大学への欲望を起動させます。大学に入ろうとする人ならだれでもその力を知っているし、事情があって大学に入れない人は、なおさらよく知っているにちがいない。

人が大学にたいしていだくイメージは百人百様です。ある大学にあこがれて、入学してから現実とのギャップに気づいて幻滅することもあるし、あるいは逆に、そのイメージにみちびかれながら自己を実現してゆくこともある。もちろん大学に関心がない人もいますが、そういう人も、大学とは行くに値しないところだというイメージはもっている。大学にくる多くの若者にとって、大学とは就職するために通りすぎる場所でしかないけれど、通りすぎるあいだにその力能にさらされることで、蛹が蝶になるように変態することもある。

大学もまたみずからの力能に応じて、盛衰をくりかえしてきました。立身出世の道具であったり、職業訓練の場であったり、真理と正義、教育と研究、モラトリアムのための場であったりした大学は、つねにその特殊な**力能**でもって、われわれを幻惑しつづけてきたのです。

一二世紀末ヨーロッパにおけるウニヴェルシタス（大学団）の誕生からかぞえれば、すでに八〇〇年余の歴史が大学にはあります。制度としての大学の歴史を知るのもたいへんだけれど、「大学の概念」をねりあげるのもたいへんです。しかしだれもが知っている「イマジネールな場所としての大学」は、そもそもイマジネールなものだから、「大学の死」が語られても死ぬことはない。ばあいによっては**まだ生まれてさえいない**のかもしれない……。

この数十年来、われわれは「制度としての大学」の改革にふりまわされてきました。そして科学技術を偏重する歴代政府の政策のもとで、大学の役割はテクノロジーの革新や「イノベーション」に限定され、そのための研究には多額の公的資金が投入されるいっぽうで、学生がはらう授業料は高いままだし、「奨学金」もほぼ貸与のままという状況がつづいている。制度をいじる側にいる人たちも、おそらくイマジネールな大学に幻惑されているのだろうと思います。

だからこそ私は、おのが非力を承知で、「大学の概念」をねりなおしていかなければならないと思い、『ハムレットの大学』を書きました。でもいまさらながらに思うのは、「ハムレットの大学」とは、まさしくイマジネールな場所にほかならないということです。

フランスの詩人マラルメは、一八九四年に講演のためにおとずれたオックスフォード大学とケンブリッジ大学にすっかり魅了されました。かれは帰国後、「文学基金」というアイディアを提案します。著作権の切れた作品の売り上げを、「詩句の危機」（一一二頁以下参照）のなかで詩が書けなくなってしまった詩人たちへの奨学金にしようという構想です。[*4]「ファンド」（土地＝基金）という、きわめて具体的な、お金がらみの提案だったわけですが、けっきょく実現しなかった。日本政府は「大学ファンド」なる

＊4　一八九四年八月一七日付『ル・フィガロ』紙に発表。秋にはその内容を含む「有益な移動」と題するエッセイが『白色評論』一〇月号に掲載された。著作権が切れて「古典」の仲間入りをした書物は、すべての人の共有財産＝公共の所有地（le domaine public）であるという考えにもとづく。基金といっても、「詩が書けなくなった詩人たち」の生活をまるごとささえうるような巨額の給付をめざしたわけではなく、詩作に資する活動を支援するていどのささやかな提案だった。マラルメはその三年後（死の前年）に散文集『ディヴァガシオン』を出版するさいには、イギリスへの講演旅行に関する部分のみを「禁域」と題して再録した。しかし『ディヴァガシオン』巻末の「擁護救済」では、「かつて私は一度、このあたり（「学士院」の近辺）をさまよったことがある」と書いて、「文学基金」の構想をアカデミー・フランセーズに提案したことをほのめかしている（アカデミーからの応答はなかった）。

ものをおしすすめていますが（一三五頁参照）、これはおなじ「ファンド」でも、マラルメの「文学基金」とはなんの関係もないし、その目的も「科学技術立国」に限定されています。

マラルメが晩年に書きついで未完成のまま残した『エロディアードの婚礼』は、「文学基金」が実現できなかったことへのリベンジであったし、シェークスピアのイギリス（オックスフォード大学の「人文学の伝統」）に対抗するための、フランス的代案であったのだと思います。たしかに「ハムレットの大学」も「エロディアードの大学」も、かつての大学の亡霊というか、未来の大学の気配のようなものにしかすぎません。しかし「制度としての大学」をどうかえてゆくのかというときに、こうした「イマジネールな大学」を考慮に入れないというのは、きわめて不自然なことだし、不幸なことだと私は思います。

## 「イマジネールな大学」の三期

**岡山**　ここで、われわれの今後の議論のために、「イマジネールな大学」をあえて三つの時代にわけて素描しておきましょう。①**黎明期**（アベラールと中世の大学）、②**モデルニテ**（デカルトとパスカルにはじまり、ボードレールとフロベールによって内面化されるかたちで成立する「大学／文学」[*5]）、③**六八年五月**

以後（いまわれわれのいる大学）の三期です。それぞれの時代にまず発見があり、それはいずれ制度となり、最後には絶望とメランコリーが残ります。この反復の強度を実感することが、大学の復活あるいは再生につながるのであって、へたな改革はむしろそれを阻害してしまいます。

❖前史――一二世紀のフランスに、アベラールとエロイーズという男女がいた。ふたりはそれぞれリベラルアーツ（自由学芸）を学んだ。アベラールは騎士の身分をすて、論理学を教える教師として名を上げ、パリに出てエロイーズの家庭教師となった。しかしふたりは愛しあい、勉強そっちのけで情事にふけるようになる。それがエロイーズの後見人である叔父の知るところとなり、怒った叔父は暴漢をつかってアベラールの睾丸を切りとってしまった。アベラールはまた、一部の学者たちから恨みや妬みを買っていた。そしてかれらの陰謀によって、権威ある聖職者だった聖ベルナールに訴えられ、ベルナールはアベラールの学説をしりぞけた（アベラールはキリスト教の神秘を論理学によって解き明かそうとしたが、ベルナールにとって神秘とは信仰にほかならず、それを論理学であばくことは許せなかった）。学問と信仰のあいだで引き裂かれたアベラールは、ローマ教皇に裁定をもとめるが、教皇はアベラールを救

＊5　詳細は本書Ⅲ参照。また「大学／文学」の概念については岡山「『人学／文学』論序説」の注1（二〇七頁）参照。

うどころか、異端とみなした。

**❖①黎明期**——パリ大学はアベラールを慕うリベラルアーツの教師たちによって立ちあげられた。しかしそのためには、アベラールを異端とみなしたローマ教皇の庇護が必要だった。のちに神学者トマス・アクィナスは、学問と信仰のパラドックスをスコラ哲学によってのりこえるだろう。しかしアベラールとエロイーズの結婚から生まれるはずであった「リベラルアーツの大学」（あるいはパリ大学人文学部）は、神学部の権威のもとで抑圧される。ゴリアールとよばれた不良放浪学生やユマニスト（人文主義者）、フランソワ・ヴィヨンやラブレーは、大学に居場所をみいだせない。それは一七世紀になってもかわらない。[*6] デカルトやパスカルは、大学の外で思考をつづけた。かれらのあらたな学問を内部にとりいれることができれば、大学も近代にふさわしく再生できたかもしれない。しかし神学部（ソルボンヌ）の抵抗が強すぎた。フランスでは大革命のときに、中世からあった二二の大学すべてが廃止されてしまう。革命期の混乱は長くつづき、啓蒙思想も社会契約の概念も問いなおしをせまられていく。

**❖②モデルニテ**——一九世紀になると、革命の混乱を収拾し秩序をうちたてるために「帝国的社会」が成立するいっぽうで、近代文学が産声をあげる。フロベールやボードレールの文学は、グランド・ゼコールがエリートを養成し、リセ（日本の高校にあたるフランスの後期中等教育機関）がそこに進学する生徒をそだてるわきで、文字が読めるようになったすべての人のための「イマジネールな大学」（「大学／文学」）となるはずだった。つまりナポレオンの「帝国大学」（国家が認める唯一の高等教育法人であり教員のギルド〔九八頁参照〕）とはことなり、民衆にもひらかれた、無償の大学となるはずだった。しかし一八四八年六月の蜂起につづいて、パリ・コミューンもつぶされてしまう。一九世紀末にはドイツの大学をモデルにして、フランスに一五の大学が復活するが、それもまたフランスにとっては「不可能な大学」だった。[*7]プルーストやペギーのような作家たち、詩人たちは、あいかわらず大学の外で文学をやるしかない。二〇世紀にはふたつの世界大戦がおきる。一九六八年五月には学生と労働者が蜂起する。それは世界の大学をゆさぶる「普遍的」な出来事となった。

＊6　イギリスをのぞくヨーロッパでは、一七世紀中盤から大学の凋落がはじまる。とりわけ科学の分野での立ち遅れがいちじるしかった（それが産業革命の出遅れにもつながったとみなされた）。「科学はアカデミー、サロン、あるいは貴族がもつ図書館やアマチュアの実験室など、大学の外で」発展していた（岡山茂「フランスの大学」、『大学事典』一二三頁）。一八世紀になると、フランスでは既述のような各種王立専門学校が設立されはじめ、立身出世をのぞむ若者をひきつける。かたや大学は、パリやトゥールーズなど一部の例外をのぞいて学生数が激減し、ディドロやコンドルセら啓蒙思想家が改革案を提示するも実現せず、「大学は貴族たちから見放され、社会的上昇を夢見る人々の期待をも裏切ってしまう。失望した『文学ボヘミアン』は、大革命の知的興奮のなかにしか抜け道をみいだせないだろう。かくして〔大革命四年後の〕一七九三年九月一五日、国民公会はフランス全土にあった二二の大学すべてを廃止」（同前）するにいたるのである。

パリ南郊，セーヌ河畔の自然のなかで語りあうアベラールと学生たち
（J=A・ベヌヴィル，1837）

❖③六八年五月以後――「五月革命」をへて一九六九年、パリ大学は一三の大学に解体される。それらは法学系や医学系をのぞけば、グランド・ゼコールに進学できない若者のためのモラトリアムの場となった。しかしあふれかえる学生を大学は収容しきれなくなり、暴動をおそれる政府は、大学にたいして学生を就職へと効率的にみちびくよう要求しはじめる。実験的なパリ大学ヴァンセンヌ校も、ヴァレリー・ジスカール・デスタン大統領によってつぶされた(一二五頁の注21参照)。いま、二一世紀のパリでは大学の再編がすすんでいる。それは「グラン・パリ」という首都圏再開発計画のもとでの高等教育機関の吸収・合併、あるいは世界の大学ランキングでフランスの大学の順位を上げるための戦略でしかない。パリ北郊に創られたコンドルセ・キャンパスは、人文科学のAIや「イノベーション」への貢献を謳っている。アベラールとエロイーズが眠るペール・ラシェーズ墓地とソルボンヌを、近代都市パリのなかでつなぐ試みはなされない。大学とは死者たち(アベラール、エロイーズ、パスカル、デカルト、フロベール、ボードレール、マラルメ、プルースト……)をよびだし、書物をとおしてかれらと対話するための空間であるはずなのに、いまや資本の亡者がサバイバルのためにしのぎをけずる場となっている。

❖総括――それでも、「イマジネールな場所としての大学」は死んではいない。なぜならそれは**まだ生まれてもいない**のだから。マラルメの「文学基金」や、聖ヨハネの首とエロディアードの結婚から生まれてくるはずの大学は、いまだにイマジネールなままにとどまっている。それはもとより、マラルメがイギリスのオックスブリッジをたずねたときにいだいたイメージにすぎなかった。しかしエロディアードは妊娠している。エロイーズはその名によってエロディアードのなかに、睾丸を失ったアベラールは首だけとなった聖ヨハネのなかに生きている。その処女なる結婚から生まれてくる未来の大学では、「概念の懐胎《コンセプシオン》」（「処女懐胎」あるいは「無原罪の御宿り」）の「ミステール」が日々なにごともないかのようにくりかえされる。未来のニュートンやアインシュタインも、そこではぐくまれることだろう。

*7 なぜ不可能かというと、クリストフ・シャルルも言うように、大学は復活してもグランド・ゼコールはそのまま残ったからである。またナポレオン以来の中央集権的なシステムと、専門分野ごとに縦割りになった教員組織もそのまま残ったからである。もとよりリセの最終学年に哲学級がおかれているフランスでは、ドイツのように「哲学部」が大学内に設置されることはなかった。しかしシャルルはこの「不可能な大学」への信仰も告白している。「この本は私がブルデューそしてよき意志をもつ他の何人かの同僚たちと立ちあげた「アレゼール」（ARESER：高等教育と研究の現在を考える会）とともに、フランスにおける大学の可能性への信仰のあかしである」。クリストフ・シャルル『大学人の共和国 一八七〇‐一九四〇』八頁（*La République des universitaires 1870-1940*, Seuil, 1994, p. 8）。

## 不在ゆえにかがやく

**白石**　岡山さんは『ハムレットの大学』に先だって、フランス大学出版局（PUF）のコレクション・クセジュの一冊、シャルルとジャック・ヴェルジェ著『大学の歴史』を訳されました[*8]。そして二〇一八年に出版された、大学にかんする知の集大成であり、今後大学の概念を考えるさいのあらたな指針となるであろう『大学事典』では、全体の編集にあたられ、「契約と大学」「平等と大学」「教養と大学」「学生」「リベラルアーツ」といった重要な項目を執筆なさってもいます（うち「契約と大学」「学生」は本書Ⅴに再録）。そうした岡山さんのここ十年来のお仕事をふまえつつ、大学という概念を大胆にねりあげてみようとするとき、まず大前提としてあらためて確認しておきたいのが、**大学とはヨーロッパ中世の産物である**ということです。さきほどのお話の「前史」「黎明期」にあたる時期ですね。

では、「中世」とはなにか。あたりまえの話ですが、歴史を記述するための概念としてみれば、古代と近代があってはじめて中世が立ちあらわれる。ヨーロッパの歴史意識では、なんらかのストーリーをもって過去をふりかえるときに、はじめに規定されるのは「古代」と「近代」であって、そのふたつのあいだのある種「陥没した時期」を中世とよんできた。ではいつからいつまでが「中世」なのかといえば、明確にはきまっていなくて、歴史の統辞法《サンタックス》とでもいうのでしょうか、「中世」というのはいわば構文のとりかたによって出現する時の区分であるわけです。

そしてベンヤミンがいうように、あらゆる歴史とは勝者の歴史であって、[*9] 歴史記述とは往々にして、いま機能している秩序を肯定するために過去をつごうよく語りなおす営為です。だから近代の直前の

*8　事態が決定的に変化しはじめるのは一一九〇年頃からである。学生たちは、権威ある教師のもとに集うことをやめ、出身地ごとに集結し「ナチオ（ネーション＝同郷会）」と呼ばれるグループを形成するようになる〔…〕教師たちは自分たちの属する自治都市に対して服従を誓うことを受け入れていたが、学生は自分たちで自律的な団体を組織する。団体を結成することを通じて、土地の住民が彼らに加えようとする危害から身を守り、学生同士の対立を解決し、教師たちと契約をかわす。つまり、学生自身が必要としている教育を彼ら自身で組織するのである。（シャルル＋ヴェルジェ／岡山茂・谷口清彦訳『大学の歴史』白水社文庫クセジュ、二〇〇九年、一七‐一八頁）

*9　〔フランスの歴史家〕フュステル・ド・クーランジュは歴史家に、ある時代を追体験しようと思うなら、その後の歴史の流れについて知っていることを、すべて頭から振り払うようにと勧めている。歴史的唯物論がきっぱりと手を切った方法をこれ以上うまく言い表すことはできない。それは感情移入という方法である。その起源は心の不活発さ、すなわち怠惰（アケーディア）にあるが、これはその弱気さのために、束の間閃く歴史の真のイメージを自分のものにすることができない。中世の神学者たちはこの怠惰を、悲しみの根本原因であると考えていた。悲しみとは一方ならぬつきあいのあったフローベールは、「カルタゴを甦らせるためにどれほど悲しまなければならないか、それを推し量る人は少ない」と書いている。歴史主義の歴史記述者はいったい誰に感情移入しているのか、という問いを投げかけるならば、この悲しみの本性がいっそうはっきりする。その答えは否応なく、勝利者に、ということになろう。その時々の支配者とは、かつて勝利したすべての者たちの遺産相続人である。（ヴァルター・ベンヤミン「歴史の概念について」、山口裕之訳『ベンヤミン・アンソロジー』河出文庫、二〇一一年、三六四‐三六五頁）

時代は、かならず近代よりも劣った時代でなければならない。ヨーロッパでは、ギリシャ・ローマといった「偉大な古代」の復活として近代がはじまった、という見方がある。下世話ないいかたをすれば、「戦後を安逸にすごしてきたお父さんお母さんは尊敬できないけど、困難な時代を生きぬいたおじいさんおばあさんは偉かった」みたいな、ふたつ昔にさかのぼって自己を正当化する歴史観ですね。「古代・中世・近代」という歴史の統辞法にはそういう特徴がある。

こうした「日陰者の中世」に花咲いたのが、大学という試みだったのだと思います。しかも初期の大学にあつまってきた人たちのなかには、地位や名誉や富をすてて学問をとるアベラールのような若者たちがいた（とうぜんながら、ローマ法と教会法によって普遍性をあたえられた「学位」めあての人もいたのでしょうが）。就職だの立身出世はどうでもいい、**学ぶことをつうじてみずからの生をとらえかえしたいという思い**を、大学の発生にみてとることができます。つまり中世における大学の誕生とは、勝**者でない人びとのねがい**——岡山さんの言葉でいえば、すべての人の「幻想」ないし「夢」や「イメージ」——が花ひらいた出来事だった。

**岡山**　マラルメは中世を近代の「孵化の時代」とよびました。[*10] つまり中世とは、古代をとおして卵のなかであたためられていた「モデルニテ」（現代／近代）が、ようやく殻をやぶって外に出てくる時代です。しかし卵から出てもすぐには成鳥になれない。中世に生まれた大学が、まずは教会に庇護され、一九世紀以降は国家に庇護されねばならなかったのも、そのためかもしれません。いま日本で大学とはなにかといえば、一九世紀初頭のドイツでフンボルトらが創った大学[*11]でさえなく、文科省によって統括される国公私立大学の総体をさす呼称にすぎません。八〇〇近くもある大学のなかには、国公私という設立・運営形態ばかりでなく、エリートのための大学か大衆のための大学かというちがいもあるし、大都市圏にある大学か地方にある大学かという、規模や地域のちがいもある。一概に大学とはとてもいえないものを、われわれは大学とよんでいる。その多様性は、本来の「大学の概念」を見えなくするとともに、大学全体の文科省によるコントロールを可能にしてもいる。なにしろすべての大学を、個別の事情を考慮しながら改革するなどということはできませんから、文科省はみんなまとめて「競争的環境」になげこんだり、いうことをきかない大学には補助金を減額したりするのです。ポストモダンどころでなく、まだモダンさえ確立されていない時代にわれわれは生きている、というべ

＊10　中世、これ孵化の時代。すべてがそれ以来、古代と結んで、この虚しい、困惑の、われわれの手をのがれる現代を形成する。（マラルメ／豊崎光一訳「魔術」、『マラルメ全集 II』筑摩書房、一九八九年、三一五頁）

＊11　言語学者・政治家ヴィルヘルム・フォン・フンボルト（一七六七‐一八三五）が一八一〇年に創設したフリードリヒ・ヴィルヘルム大学（現ベルリン・フンボルト大学）は、プロイセン王国がナポレオンに対抗するためにとった国家統合・近代化政策の一環という側面があり、やがてドイツ帝国の強力な支援をえてドイツ随一の学府に、さらには世界各地の「近代の大学」のモデルとなっていく。初代学長はフィヒテ、第四代学長はヘーゲル。

きでしょう。

　フンボルトの大学は、自治（自律）を理念とした大学で、それは中世の大学から多くのものをひきついでいました。ところで中世の大学は、フンボルトの大学よりもずっと遠いところにあるため、無視されたり理想化されたりしている面がある。でもいまの大学を地球とすると、フンボルトの大学は火星のようなものだし、中世の大学は木星のようなものです。木星のむこうにも土星や海王星や冥王星がある。それらすべてが惑星のシステムを構成している。だからそのひとつが欠けても、地球の軌道はかわってしまう。つまり**中世の大学を考慮に入れない大学改革の議論は、現実的どころか、きわめて危うい**といわざるをえない。じっさいイギリスのサッチャー政権のころにはじまった「グローバリゼーション」や、中国の上海交通大学が始めた「世界大学学術ランキング」のせいで、地球上の大学はいずれもサバイバルでせいいっぱいです。惑星としての地球のことを考える余裕などありません。

　一二世紀末に生まれた大学は、その後一四‐一五世紀にかけてヨーロッパ全域にひろがり、やがて隆盛と衰退を同時に経験します。というのは、「専門知識を身につけた有為の若者」を世におくりだすという社会的な重責が増すいっぽうで、それと並行して初期の理念がうしなわれていくからです。そして一六‐一七世紀、理念がほぼ空洞化した時期に、パスカルやデカルト、あるいはシェークスピアといった人たちが出てくる。中世の大学は、教皇の庇護がなければ生きていけない幼鳥のようなものだったけれども、その教皇（インノケンティウス三世）もカタリ派の大虐殺を命じる恐ろしい人間だった。マラルメのエロディアードが、聖母マリアであるのにヨハネの首を所望するサロメでもあるのとおなじようなものかもしれない。デカルトやパスカルやスピノザは、一七世紀のころの大学という制度／機関からは離れたところにいた。しかしパスカルのような「考える葦」は、独自の思考によってさまざまな発見をなし、『パンセ』を読めばわかるように、人間や社会について根源的にものを考えた。ある意味、大学がなすべきことをひとりの個人がなしてしまっているわけです。かれの思考そのものが「大学の概念」であったといってもよい。

あるいは、**大学はみずからの不在によってかがやく**というべきかもしれない。大学発生のプロセスにしても、学生と教師が各地からあつまってきて組合を結成したのが発端だった。いわば自然発生的にできたものなのだけれど、ひとたびできしまうと、やがて制度となり、三〇年、五〇年とたつうちには、制度として機能するようになるかわりに、理念的には堕落してしまったりする。だから、**どこにもありえない大学への欲望だけが、大学の生命を存続させる**ともいえる。「大学改革」というと、いまある大学をどうかえていくかということしか論じられません。しかしほんらい必要なのは、こうした「大学の概念」を大学がいかにしてとりもどすかということでしょう。ここに「改革」の最初の、そして根本的な思いちがいがあると思います。

白石　無いものは改革できない、ということですよね。

岡山　そうです。マラルメの「文学基金」、シャルルの「不可能な大学」、デリダの「条件なき大学」は、いずれも現実には存在しない大学です。だけれども、そういう「不在の大学」こそが、じつは大学を可能にしている。それは大学の不在を意味しない。「不在の大学」はもともと不在だから、消滅することもない。だから大学の危機をあおって改革をせまる言説にたいして、「大学は危機にはありません[*12]」といいかえすこともできる。

## 「中世のカオス」のなかで

白石　たぶん一〇万年ほど前、ホモ・サピエンスがアフリカから世界各地へとひろがる。やがて、たとえばバビロニアやエジプトで、巨大な建造物がつくられるようになる。いわゆる「文明」のはじまりです。古代はカミ、近代はヒトというように、その統治の中心はかわりました。でも、いつの時代も文明のめざすところはかわらなくて、巨大な建物をつくらせるということにつきるんだと思います。これは現代でもおなじです。つまり文明とは、巨大建築への奇妙な意志である。

そういう文明の支配が弱まったのが、中世という、古代から近代への移行期だと定義することもできます。こう考えると、ヨーロッパの一時代にかぎらず、いろいろなところに文明の支配が後退した**中世のカオス**がみいだされる。たとえば、古代にあたる奈良・平安時代はあきらかにカミを中心とする支配です。それがくずれてヒトを中心とする支配がはじまる。鎌倉時代以降の武家による支配です。平安時代にはカミにリアリティがあったから、祟りをおそれ死刑もほとんどおこなわれなかった。ところが武士の支配のもとでは、ためらいはなくなる。こうしたふたつの支配の移行期が中世ですが、そのカオスのなかで、たとえば親鸞は身分に関係なく救われると説く。

ヨーロッパ中世における大学も、これとおなじ機制のなかで発生したのでしょう。一二世紀末から一三世紀初頭にかけてのほぼ同時期に、ボローニャ、パリ、オックスフォードに、勉強したい若者たちがヨーロッパじゅうからあつまってくる。かれらは地元住民の攻撃から身をまもり、勉強をつづけるために、出身地ごとにナチオ（同郷団）とよばれるグループをつくる。学者たちは学者たちでグルー

＊12　フランスの社会学者ロミュアルド・ボダンとソフィ・オランジュによる、高等教育「改革」の誤謬を主題とする共著のタイトル。Romuald Bodin, Sophie Orange, *L'université n'est pas en crise*, Edition du Croquant, 2013. なお、ボダンとオランジュは二〇一六年に日仏教育学会の招きで来日している。岡山茂「大学はいま危機にあるのか、大学の歴史の日仏比較から見えるもの」、『日仏教育学会年報』第二三号、二〇一七年、三八‐四五頁を参照。

プをつくって、ナチオとの交渉にあたる。こうした学生や学者たちの連合が、大学の起源であるウニヴェルシタスです。『大学事典』では「大学団」という訳語があてられていますが、語のほんらいの意味からすれば「学芸組合」といったところだと思います。[*13]

当時は講堂などの建物はありません。たとえばパリでは、教師の家の前に学生たちがあつまる。地べたにすわって話をきく。教師たちにしても、会議室などありませんから、広場にあつまってあれこれ相談する。いまでは何号館とか何々キャンパスとか、大きな建物や建物群イコール大学みたいに思われたりしますが、始原の大学はハコモノありきじゃなかった。

しかも、おとなになってまで勉強しようなんていう人たちは、大学が来ちゃった都市の市民にとってみれば、はなはだ胡乱な存在でした。『大学の歴史』にもありますが、市民と学芸組合とのあいだにはつねに緊張関係があって、しばしば武力をともなう抗争が生じます。ときには組合ごと都市から追いだされたり、怒ってみずから出ていったりした。初期の大学というのはこんなふうに、ふつうの文明の側からすると、「奇妙な人びと」のあつまりです。

すぐれた大学論のひとつに、アラン・ド・リベラの『中世知識人の肖像』があります。[*14] この本、原題は「中世を考える Penser au moyen âge」というシンプルなタイトルです。そこには、文明の支配が衰退した中世のカオスのなかで、「おとなになっても勉強をつづけたいんだ!」という欲望が高まっていたことが読みとれる。大きな建物をたてることに夢中の文明に組みこまれるために勉強するのではなく、ある種の自然にふれるように知にふれる生きかたが出現した――そのことの意味にむきあうのが、「中世を考える」ことです。

リベラは中世という時代に、**文明からはずれた「哲学的生」の至福がみいだされた**、といっています。中世の大学には、ゴリアール（ラテン語でゴリアルド）とよばれる不良学生たちがいました。市民と

*13 日本語の「大学」という言葉は、このウニヴェルシタス＝学芸組合の概念を反映していない。本書でもたびたび確認されるが、「大学」とよばれる現実の諸制度――古代の大学寮から、明治政府が一八六九年に設立した大学校（旧幕時代の昌平坂学問所系列の学校を統合したもの）、八六年の帝国大学令による旧帝大、あるいは現代の「就職のための大学」にいたるまで――は、いずれもドイツ式「近代の大学」やフランスのグランド・ゼコールとよく似たエリート養成「学校」である。それでも、キャンパスの地べたで、読書会やゼミの一室で、デモの渦中で、図書館の片隅で、あるいは街路での孤独な彷徨のなかで、ウニヴェルシタスの概念が受肉する（＝「不在の大学」の灯りがともる）瞬間はあったし、今後もありつづける。

*14 中世に存在した何かを復元しなければならないとしたら、それは、大学の野心、大学の典礼、大学の独立、大学のしきたりである。大学の自由を復元し、大学に、普遍への開放、筋の通った議論、偽物の威信や本物の権力の批判といったその当初の使命を返してやらねばならない。ヨーロッパ文化を、その最初の実験室に連れ戻すことによって孤立からすくいだしてやらねばならない。その実験室では、大学、いいかえれば教師と学生の全体が、文化変容を「引き受けて」いたのである。（アラン・ド・リベラ／阿部一智・永野潤訳『中世知識人の肖像』新評論、一九九四年、八三頁）

喧嘩したりするうちにやさぐれてきて、酒と色におぼれ、学業を放棄し、各地を放浪しながら詩句をまきちらした人たちです。かれらはきわめて反教会的で、文明の支配にまつろわぬ無法者としておそれられた。『大学事典』でも書かせていただきましたけれど、かれらがのこしたラテン語の詩には、のちに「文学」とよばれることになる表現の先触れがみられるように思います。[*15]

かたや、武闘派ではない学究派のゴリアールたちもいた。かれらもまた大学を通過することで、文明への奉仕をこばむ。そしてヨーロッパじゅうに散らばっていく。有名無名を問わず、そういう人びとがあたらしい時代を準備した――この学究派ゴリアールの系譜のなかでもっとも有名なのが、ボローニャ大学に学んだダンテです。リベラによれば、ダンテは「哲学的観想においてとらえられる精神の至福という経験の形」を、はじめてまともに肯定します。たとえ貧しくても、栄誉とは無縁でも、**学び考えることでえられる至福**はなにものにもかえがたいと考える生のスタイルが、大学の名において出現した。この「**生のスタイルとしての大学**」の発生が、中世最大の事件だとリベラはいうのです。それは制度としての大学の萌芽以上に、こんにち注視すべき出来事のひとつなのだと思います。

《ここにとどまろう》

**岡山**　ゴリアールたちの「哲学的観想」は、パスカルにもひきつがれたといえますね。かれの『パンセ』（本人がつけた題ではないですが）はまさに、「大学に行かなかったのに大学を体現した人」の哲学的観想ですから。

ところで、ウニヴェルシタス（学芸組合＝大学）は、土地も建物ももたないよそ者たちの共同体として機能する必要があった。そこでパリでは一三世紀、神学部の貧しい学生のためにコレージュ（学寮）がつくられる。当初はたんなる宿泊施設だったのが、年少のやんちゃな学生たちを収容して教師が監視するという機能がつけくわわる。やがて講義も、教師がコレージュにやってきておこなわれるようになり、まさに学住一体の場となっていきます。

食べるにも寝るにもこまらずに勉強をつづけられる根拠地ができて、「あたかも世界の始まりに労働のおわりがあるかのような」（デリダ）、哲学的観想の生が可能になる。けれどそのいっぽうで、一

＊15　たとえば「時が去ってしまった今まで／私は何もして来なかった／時が帰って来た今でも／私は何もしていない」（『中世知識人の肖像』二一七頁）。また、白石嘉治「ゴリアルド」（『大学事典』四四六・四四七頁）も参照。

三〇四年にナヴァラ女王（ファナ一世）が設立したコレージュ・ド・ナヴァルのように、エリート養成機関に変容していくコレージュも出てくる。一六世紀になると、イエズス会が大学に対抗して各地に独自のコレージュをつぎつぎに設立し、現在のフランスのコレージュ（日本の小学六年から中学三年にあたる前期中等教育機関）やリセのような学校となってゆく。[*16] おさないころから官僚や医者や法律家、司祭や司教になるための勉強をさせることで、教育が社会に奉仕する枠組みができあがる。つまり、もとは知への欲望をいだく者たちの自然発生的な共同体だったのが、**子どもたちを律する「学校」**になっていく。こうしたコレージュの二面性は、一八・一九世紀的な中等・高等教育の発達の歴史、そして両者の分裂という問題――いまでも「高大接続」という問題があります――の土壌ともなった。

話をもどすと、ソルボンヌ学寮（のちのパリ大学神学部）をはじめ、学住一体のコレージュでは、いったいなにがおこなわれていたのか、おきていたのかに興味があります。カントがとりあげたような学部間の抗争、神学部と哲学部ないし人文学部の対立は、中世においてどんなものだったのか。神学とはことなる学、つまりプラトン以来の哲学がふたたびみいだされたことと、初期の大学の内実とはどうかかわっているのでしょうか。

**白石**　いわゆる「一二世紀ルネサンス」をとおして、うしなわれていた古代の知識が再発見される。一三世紀になると、十字軍の遠征先である中東やイベリア半島を経由して、アリストテレスをはじめギリシャ哲学の古典が、それを深く学んだイスラム世界の学者たちによるアラビア語訳や注釈書もろとも、ヨーロッパにどっと再流入してくる。古代ローマ法などもさかんに学びなおされる。このときの知の奔流が、「学びたい」という思いを高揚させ、初期の大学をにぎやかにしたのはたしかでしょう。

ただ、哲学の再発見は、当時の知の体系をゆるがすスキャンダルでもあった。神学校で学び、やがて聖職につくのが、知の探求においても立身出世においても本道だった。そこへ、神学ではない、けれど高度な内容を学びたいと思う人たちが出てくる。これが大学の衝撃でした。すると神学校系の人たちが、あらたに出てきたこの「大学的なもの」を神学のなかに吸収しようとする。トマス・アクィナスはその代表格でしょう。再流入してきたギリシャ哲学を咀嚼しつつ、キリスト教神学のなかに統合する。

社会の平面でもおなじことがおきます。神学の側が、大学の人文学部の人たちにたいして、神学部への「昇進」をちらつかせる。とうぜんとりこまれた人たちもいました。けれどもリベラが強調するように、おおぜいの「不埒で放縦な人文学部の学生と教師たち」が、「哲学者という身分」を立ちあ

＊16　イエズス会のコレージュは大革命期にすべて廃校となるが、一九世紀に入ってその名と方法論が採用され、後期中等教育機関であるリセとともにフランスの中等教育をになう機関となる。

げることで神学への奉仕を拒絶する。一二七七年、パリ司教でパリ大学の元学長でもあるエティエンヌ・タンピエという人が、当時大学でさかんに教えられ、話しあわれていた二一九の論題を禁止します。とりわけきびしく弾劾されたのが、性愛の快楽や、アリストテレス哲学によってたつギリシャ的閑暇の至福――「**哲学にはげむ以上にすばらしい身分はない**」――をめぐる論題です。これに怒ったパリ大学人文学部の教師と学生たちの組合が、大規模なストライキをうちます。このときスローガンとされたのが、**《ここにとどまろう《イビ・スタートゥル》》**という言葉でした。[*17] われわれの大学は、断じて神学への準備課程ではない。『中世知識人の肖像』のなかでも、いちばんおもしろいくだりです。このコンフリクトのなかに、つきつめて考えるべき大学の本質があると思います。

## 「近代の大学」の彷徨

白石　ざっくりいうと、**「学校」はつねに文明とともにある**。[*18] ピラミッドをつくるにも、労務管理とか会計が必要だから、専門の官僚がいて、その養成のための学校があった。プラトンがはじめた古代ギリシャのアカデメイアにしても、基本的にはポリス（都市国家）のよき統治者、つまりエリートをそだてるための学校です。これにたいして「大学」は、社会的に役に立つか立たないかという基準を無視して（その基準にそって、立身出世のために学ぶ人ももちろんいましたが）、好きなことを自発的に学ぶおとなの集団です。しかもそこから、「哲学的観想の至福」を中心に人生を組みたてていきたいと考える人たちが出てくる。やたらあばれまわったり、酒色におぼれる放蕩者もいる。思索なり勉強なりをかさねて書物を書きあげる者もいる。そういう生きかたが、かならずしも世のなかの動向とは

＊17　たいていはあまり知られていないそうした〔人文学の〕教師たちは、〈教会〉によっては支給されなかった収入、快楽という収入を熱望した。彼らは、安定した職分であると同時に大学課程の中断をも意味した身分（スタトゥス）、哲学者という身分を発明した。また彼らは、この身分に、教職によって望まれた最終目標および知的苦行によって欲された最終目的を語る「ここにとどまろう（イビ・スタートゥル）」というスローガンを与えていた。哲学に達したならば、そこでやめにしておくべきである。知恵の味わいよりも遠くには、向かうべきところなどない。（『中世知識人の肖像』一六三頁）

＊18　「脱学校」「反教育」の理論で知られるイヴァン・イリイチは、現代的学校ないし教育の起源を、大学の発祥とおなじ一二世紀ヨーロッパにもとめる。フランス北東部と中部のふたつの修道院が「改革」を競いあうなかで、無知な人民を教化するにはその土地土地の俗語の上位に君臨する「唯一の母語」を教えこむべきだという観念が生じたことが、やがて言語の資本化と教育の事業化につながっていく、と（玉野井芳郎・栗原彬訳『シャドウ・ワーク』岩波文庫、二〇二三年、3・4章）。そのイリイチは最晩年の二〇〇〇年代初頭、つぎのように無償性、無償の生をとなえるにいたる。「美であり善である生は、まずなによりも無償の生であるという可能性、そしてこの無償の行為は、もしあなたによって開かれ、誘発されるのでなければ、わたしの中から流れ出ることもない何かなのです。〔…〕友人、友人、友人……報酬を求めず、ただそのために、それ自体を楽しむただそのためだけに……」（D・ケイリー編／臼井隆一郎訳『生きる希望』藤原書店、二〇〇六年、三七六、三七八頁）

直接むすびつかないにせよ、ひとつの生のスタイルとして確実にうけつがれていく。
一九世紀末、フンボルト的な「近代の大学」が、普仏戦争にやぶれたフランスでよみがえりますが、このときも、根底には中世的な大学への回帰があったのではないでしょうか。そのすこし前には、文学と芸術の分野でロマン主義が勃興します。そして中世への回帰、中世の再解釈が試みられる。「近代の大学」もそういう素地のうえで、中世の大学に渦巻いていたであろう自発的な知のありかたを想像しつつ、構想されたとみなせるはずです。

**岡山**　そのとおりだと思います。ただ、「近代の大学」の発祥の地であるドイツのばあい、事情は多少ちがっていたかもしれない。フンボルトらによるベルリン大学の創設と、いわゆるドイツ・ロマン派はまさに同時代の出来事です。ドイツ・ロマン派は、イエナにつどう大学人たちを中心とする運動でした。そこでは中世的なものの復活ばかりでなく、フランスでおきた大革命をどう考えたらいいのかといったことも議論されていた。さらに音楽の分野では、ロマン派の先駆といわれるベートーヴェンとか、ロマン派の頂点とされるワーグナーがあらわれ、べつにフランスに対抗しようとしたわけではないのでしょうが、ドイツ固有の精神みたいなものが形成されていく（音楽だってリベラルアーツのひとつだし、大学の伝統とつながっているわけで、ロベルト・シューマンは法学部の学生だったけれど、最終的には作曲家になりました）。それらがひとつの文化をかたちづくっていく、非常に大きな流れが生じていた。

　おそらく「近代の大学」の形成については、白石さんのいうように、「中世の大学」とのつながりを抜きには考えられない。つまり理念においては、カント、そしてフンボルトをへて、「中世の大学」が再生した。にもかかわらず、現実にできあがった大学は、プロイセンという国家の庇護のもとに、一種の公共政策の一環でつくられたエリート養成機関となってしまった。これは大革命のあとでも「国家貴族」（グランド・ゼコールを出たエリート）が君臨したフランスと、さしてかわらない状況です。ルソーをへて大革命が追いもとめた理想からしても、大学とは人民にひらかれたものでなくてはならなかったはずなのに、フランスでもドイツでもそうはならなかった。二〇世紀の世界大戦というカタストロフの源も、そこにあるのではないでしょうか。

　ブルデューは『パスカル的省察』で、パスカルが「人民に真実をつたえてはならない」といっていることに目をとめます。[*19] 法の根元には不法な暴力の行使（「最初に人を殺した者が人を殺してはいけないという」）があり、その行使を隠蔽する作用が法にはある。憲法でさえ、この起源の不法性を隠蔽するための虚構なのだと。このことが知れわたれば、人民は法にしたがわなくなってしまう。だれもが法をつくれるという、文字どおりの無法状態が出来してしまう。それを避けるためには、隠蔽が必要だとパスカルはいう。ここだけ切りとると、現在の「民主主義」とか「国民主権」の観念からすれば、ずいぶん乱暴なことをいっているなと思える。しかし大学的なものがついえていた時代、ほかに考えようがなかったともいえる。

ブルデューはパスカルのこの箴言に、左翼のよくいう「国家のイデオロギー装置としての法」の性質のみを読みとるだけでは不十分だといいます。パスカルは理性だけでなく、習慣や身体感覚をつうじて獲得される知を重要視していた。だから、社会秩序が理性よりもむしろ身体をしばるくびきであることも知っていた。そこからブルデューは、人民は慣習と法にからだで慣れてしまうから、国家はあえて人民を意図的にだます必要もない、と述べます。パスカルの言葉は、人民が法の根元にある恣意をみぬけない——パスカル的な知へのアクセスが人民にはとざされていた——一七世紀という時代の限界をしめしているのかもしれない。

やがて一八世紀の啓蒙思想をへて、フランスを中心に「知をすべての人にひらいていこう」という考えかたが出てくる。しかし知が特権階級の専有物でなくなることはついになかったため、革命がおきてしまう。ドイツではそういうフランスの動向を遠目にみながら、「ドイツ精神」なるものをまといつつ、大学そして芸術が形成されていく。いかにフンボルトが「教養大学」を志向し、ベートーヴェンが「人民のための音楽」を追求したにせよ、その内実はたいへん貴族的なものであったし、知の階級性はのりこえようもなかった。

そんなふうに、どの場所、どの時代にもそれぞれ限界があった。それでも大学への意志や欲望、大学の概念は生きつづけていて、フランスでは一九世紀末に、大革命後一〇〇年あまりの懸隔をこえて大学がよみがえる（一八九六年）。アベラールとエロイーズの大学の記憶（「大学／文学」）も賦活され、「六八年五月」（五月革命）[*20]で希求された「人民のための大学」へとつながってゆく。

このときフランスがドイツからとりいれた大学の理念というのは、フンボルトよりもカントの思想に近いものだったらしい（もとよりフンボルトの理念がフランスで知られるようになったのは、二〇世紀以

*19　法の起源には恣意と簒奪以外の何ものもないという発見、法を理性と権利の上に根拠づけることは不可能であるという発見、政治の分野において、デカルトの第一原理〔われ思う、ゆえにわれあり〕にもっともよく似ているものである憲法は法の確立の根元にある無法な暴力行為を隠蔽するための原初的虚構であるという発見から、パスカルは典型的にマキャベリ的な結論を引き出す。すなわち、社会秩序に関して人民を解き放つ真理 veritatem qua liberetur に人民をアクセスさせることは不可能であるから、この真理は社会秩序を脅かす、あるいは、崩壊させることにしかならないから、人民を「だまさなければならない」、「簒奪の真実」を、すなわち法の根元である原初的暴力を（「真正なもの、永遠のものと見なさせる」ことによって）人民に隠さなければならない、というのである。（ピエール・ブルデュー／加藤晴久訳『パスカル的省察』藤原書店、二〇〇九年、二八七 - 二八八頁）

*20　五月革命は文化的なものでもなければ、自由や平等をもとめる批判的実践がおこなわれていたのでもない。〔…〕統治のヒエラルキーのない生をもとめる現実の欲望が世界に流れこんできたのであり、五月革命がわれわれに投げかけているのは、そうした流入をもたらす「大学のユートピア的機能」（ルネ・シェレール）のありかである。（白石嘉治・谷口清彦「六八年五月」、『大学事典』八六五頁）

降のことだともいわれています)。一八九六年に総合大学設置法によってパリ大学が復活する二年前に、フランスでは国をゆるがすドレフュス事件がおきる。ドレフュス派、つまり冤罪をきせられたユダヤ人将校ドレフュスを擁護する論陣をはった「**知識人**」**たち**は、カントの「批判の学としての哲学を中心とした大学」に共感をよせていた。カントがルソーの教育論を批判的にひきつぐなかで構想されたドイツの大学が、一〇〇年をへてフランスにもどってくる。このことはフランスにとって大きな意味をもった。なにしろ中世の大学が、ドイツ経由であれフランスにもよみがえったわけですから。しかしナポレオンがきずいた「帝国大学」のシステムはすでに根づいていたし、フランスとドイツの対立は解消するどころか、むしろ深まっていた。ニーチェのように自国の大学を批判したドイツの哲学者もいたし、マラルメのようにイギリスの大学を自国に移入しようとしたフランスの詩人もいたのだけれど、どちらの国でも「知識人」たちは、自国民の愛国心をあおるようになってゆく。

すでにお話ししたように、ようやく第二次大戦後になって、近代の大学はひとつの実をむすびます。フランスでは一九四六年の第四共和国憲法で、初等から高等まですべての段階における教育の無償性とライシテ(政教分離)が明文化されました。以来、学生数はどんどんふえ、こんどは現実の大学が、大学への人民の欲望をうけとめきれなくなっていく。「六八年五月」はまさにそのなかでおきました。

ところで近ごろのフランスでは、サルコジ政権(二〇〇七 - 一二年)からマクロン現政権(二〇一七年-）まで、この**「六八年五月的な大学」を葬ること**が「改革」の目的になっています。「自治からガヴァナンスへ」というスローガンのもと、サルコジ政権下で施行された「大学の自由と責任に関する法律（LRU）」によって、学長を中心としたトップダウンの大学「経営」がおおっぴらにおこなわれるようになりました（私学が多い日本は、そのフランスの一歩も二歩も先をいっていたわけですが）。また、「契約政策」のところでふれたように、学生を滞留させずに効率よく就職させるのに成功した大学には、より多くの資金が回るような仕組みもつくられる。マクロン政権による「パルクールシュップ」（大学入学時における書類による選抜の導入）も、この目的を達成するためのものでした。

## 残響に耳をすます

岡山　いずれにせよ、大学はおそらく世界じゅうで、「改革派」の主張とはまったくべつの意味で危機に瀕しています。たしかに無意識的記憶のレヴェルでは、フランス人の脳裏には中世以来の大学像がいまだに残っているでしょうし、さきほど申しあげた「みずからの不在によってかがやく大学」というのも、こんにちのような状況であればこそ、多くの人の心のうちに準備されているのかもしれません。しかしそういう「イマジネールな大学」と、現実にある「制度としての大学」のあいだの乖離は、いよいよ深刻化しています。サルコジ時代には炎と燃えていた、人民のなかにある上からの「改革」への抵抗の意志も、年々弱まっているようにみえる。ジレ・ジョーヌ（黄色いベスト）たちのなかに、学生はどれくらいいるだろうか。中世いらい連綿とつづいてきた「批判の赤い糸」（クリストフ・シャルル）——デリダがうけつぐカントの「批判の学としての哲学」、あるいはリベラがダンテにみた「哲学的観想の生」ともつうじるもの——こそが、大学というものの唯一の特徴かもしれないのに、「改革」はそれをばっさり断ち切ってしまおうとするのです。

**白石**　それでも、こりずになんどでも、中世（の大学）からはじめるしかないでしょう。「中世を考える」というとき、たとえば親鸞や鴨長明がなにを考えていたのか、と思いをはせることには意味がある。それは、支配が弱まった中世のカオスから出てきた人たちのテクストを読んで、隷従なき生とはいかなるものかを考えることでもある。同様に、個々の名前は残っていなくても、はじめて——知らず知らずのうちに——大学をおこなった人たちが、なにを考えていたのかと想像してみることは、けして意味のないことではない。『教行信証』や『方丈記』のように、テクストのかたちでは残っていないから、さまざまな傍証をもとに推測してみるしかないわけですが。そういういとなみじたいが、中世以来の大学である。そんなふうにもいえるのではないか。

この意味での大学が、フランスでは大革命によっていったんつぶされる。その後にもっぱらナポレオンの軍事政権のもとで、一八世紀中葉以来の王立の専門学校《エコール・スペシアル》（土木・工兵・獣医・鉱業）や、大学廃止の翌年に創設された学校《エコール》（理工科・高等師範）、そして三つの医学部（旧医学校《エコール・ド・サンテ》）が、エリート養成機関として徹底的に整備れさる。それらが一八七〇年第三共和政のころからグランド・ゼコールとよばれるようになっていく。grande école とは「大きな学校」という意味ですね。まさに「大」「学」ですが、これが明治維新以降の日本の帝国大学のモデルともなった。それは大学というよりは、グランド・ゼコールのようなエリート養成機関のよせあつめです。

一八世紀なかばから一九世紀後半にかけて、大革命、産業革命、二月革命、六月蜂起、そしてパリ・コミューンと、フランスでは八〇年余にわたって動乱がつづきます。この期間に大学が廃止され（一七九三年）、ナポレオンの「教育改革」をへて、国家に奉仕するエリートをそだてる「大きな学校」が各地につくられていく。攻めこまれた隣国ドイツにしてみれば、フランスがもたらすシステムは解放でもあり抑圧でもあった。そういう両義性をはらんだ歴史的状況——この種の問題はつねに両義的にならざるをえませんが——のなかで、ドイツはこう考えた、「フランスが大学をつぶすのなら、われわれは大学に回帰する」と。岡山さんのいうとおり、ナポレオンに対抗するためだけではなかったのでしょうが、とにかく「国民創出」の必要にせまられ、もともと大学にはなかったナショナリズム[*21]と中世の大学とをむすびあわせるかたちで（これも両義的かつパラドクスですが）、ドイツにおいて「近代の大学」が涵養されていく。「近代」を代表するナポレオンへの反発から、「おれたちはおれたちで独自の《近代》をつくる」と奮起したともいえる。

岡山さんはフランス革命を、ブルデューにもとづきつつ「保守革命」とよんでおられますが[*22]、端的に「**失敗した革命**」といってみたい。ルソーは自然をもとめつつ、このまま いくと革命がおきてしまうとおそれてもいた。かれの危惧は的を射ていて、革命は文明ではなく**自然への回帰**にほかならない。そのなかで中世のカオスがよみがえる。げんに、フランス革命の最初の五年間は民衆蜂起の連続でした。いわばエントロピーの増大という自然が回復される。このカオスに即した生のスタイルがみいだされればよかったのですが、つづく五年間は反動の時期です。秩序をもとめてブルジョワジーが貴族にとってかわろうとした。そこからさらに秩序の強化へむかうなかで軍事化がおきて、ナポレオンが登場する。ブルジョワ的なものと軍事的なものによって、民衆の自然のあらわれにふたをしてしまったという意味で、フランス革命は「失敗」です。大学の廃止と「大きな学校」の整備も、この失敗のプロセスのなかでおきています。とうぜんながら、フランス革命をやりなおすかのように、一九世紀は革命の連続ということになった。

そして、「保守革命」ないし「失敗した革命」にたいする反発のなかで、中世的かつナショナルな大学の概念がとなりのドイツに生まれ、それが放蕩息子の帰還さながら、かわりはてた姿でフランスにもどってくる。それでも、その核心は残っていたのかもしれません。フランスに大学という放蕩息子が帰還した一八九六年には、言語学者ロマーン・ヤコブソンがロシアで生まれています。かれは喃語と言語の関係を執拗に追求しました。乳児のころは、動物の鳴き声から機械音まで、どんな音でも忠実に再現できる。そういう周囲の音をとりいれながら、「あー」とか「だー」とか「ばぶばぶ」とか、意味のわからない音のつらなりを発しはじめる。ところが、ある年齢にたっすると、そういう意味のない喃語をぜんぶすてて、「言語」に切りそろえていく。母語の言語体系に組みこまれる過程で、喃語の体系はくずれてしまう。けれども、すてさられた喃語の残響は存在していて、じつはそれなしに言語は形成されえない。いちばんわかりやすいのが、「マー（ma）」という喃語が母親を意味する**maman**という語をみちびいたという仮説でしょうか。つまりヤコブソンによれば、言葉というものは喃語の忘却のうえになりたっているのだし、言語の崩壊過程にこそ言語の本質がある。

大学の概念にも、これとおなじことがいえるように思います。大学の概念はなんどもうちすてられ

＊21 nation（国民、国家、民族）の語源は学生たちの同郷団ナチオ natio だが、すでに話題にのぼったように、ほんらいナチオは都市民の社会とは折りあいが悪かったし、まして国家や国民統合とは（すくなくともその始原においては）概念的になんのかかわりもなかった。

＊22 岡山『ハムレットの大学』二九二頁。

るけれど、いまだかつて消えてなくなったことはない。いまある「制度としての大学」もまた、中世の大学ないし中世のカオスの忘却のうえに――その復活と回帰の複雑なプロセスをへて――なりたっている。忘却されたものはつねに残響としてひびいている。岡山さんのおっしゃるように、その忘却や崩壊の過程を解きあかすことがたいせつだし、大学の概念のねりなおしは、この残響に耳をすませることからしかはじまらないのだと思います。

**岡山**　喃語のお話は、マラルメのいう「あらゆる花束に不在の花」、「観念そのものとしての花」を想いおこさせますね。[*23]

ではわれわれはつぎに、失敗した革命ではなく、成功した革命としての「象徴革命」（フロベール、ボードレール、クールベ、マネが一九世紀なかばのフランスでおこした文学・芸術上の革命）について語ることにしましょう。

＊23　たとえば私が、花！と言う。すると、私のその声がいかなる輪郭をもそこへ追放する忘却状態とは別のところで、〔声を聴く各自によって〕認知されるしかじかの花々とは別の何ものかとして、あらゆる花束のなかには存在しない花、気持ちのよい、観念そのものである花が、音楽的に立ち上る。（マラルメ／松室三郎訳「詩の危機」、前掲『マラルメ全集 II』二四二頁）

# III

# 不在の大学とその夢

## 「不在の大学」の時代が軋む音

岡山　現実に存在する大学とはことなる、「不在の大学」というものがある。たとえばそれが文学者のなかに、概念としての大学そのもの、「大学的なもの」として開花するということもありうる。じっさい、大学がうしなわれていた一九世紀中盤のフランスにおいて、**フロベールやボードレール**といった人たちが、大学ではない場所で、**文学を己のなりわいとしていく**。[*1]その過程で、「不在の大学」が現実にとりこまれ、**大学的なものが文学的なものとして成就する**という、一種の転倒がおきたのではないか。

この過程は、同時期にドイツで大学（とりわけ哲学）を中心とした国家再編がおこなわれていたのとパラレルでした。いっぽうのフランスでは一九世紀をとおして、大学ではなく文学をささえにしな

＊1　このふたりの文学者は、生まれ年（一八二一年）もおなじなら、大学との距離感もよく似ている。両者ともバカロレア（中等教育修了資格）取得後、二〇歳前後でパリの法学部に籍をおくが、法律にはまったく興味がもてず、いよいよ文学に没入していった（当時は法律家、聖職者、医者が男の立身の王道だった）。なお、ふたりが一時的に属した「法学部」は、ナポレオンが創設した帝国大学システムのなかで高等教育をになう学部＝ファキュルテのひとつであり、本書で探究される「大学」ではなく、職業専門「学校」であった。

がら、制度としての大学の復活へとつながる流れが形成されてゆく。ここにもドイツとフランスの対抗関係がみてとれます。

　かたやイギリスのように、文学と大学がともに厳然と存在する空間もありました。すでにふれたように、マラルメは一八九四年の春――この年の末にドレフュス事件がおこり、二年後にはフランスに制度としての大学が復活するのですが――、イギリスをおとずれ、オックスフォードとケンブリッジで「音楽と文芸」と題した講演をします。そして後日、その思い出をつづった文章のなかで、この地で中世以来の大学が連綿と存続していることへの驚きを表明しています。[*2] しかもイギリスでは、大学外の人たちもそれを当為とみなし、みずからの労働によって大学をささえる寛容さをもっていた。そしてもちろん、文学の伝統も中世からやむことなくつづいている。

　ただ、イギリスはあくまで例外でした。一九世紀的な文脈、ないし大陸ヨーロッパ的な土壌のなかでは、やはりフランスとドイツのある種のライヴァル関係が目を惹きます。両国はたがいを意識しあいながら「近代化」に邁進し、やがて二〇世紀にいたってふたつの大戦をひきおこし、ともに癒しがたい深傷《ふかで》をおう。結果からみれば、カタストロフをよぶような、とんでもない関係だったわけです。

　歴史家クリストフ・シャルルは『時代の不協和』という本のなかで、時代がうつりかわるはざまのとき、耳をすますと、なにかが軋む音がきこえるといいます。[*3] 一九世紀、独仏両国間の緊張によって生じていたであろう時代の不協和音は、文学者たちの耳にどんなふうにきこえていたのか。そしてそれはどのように作品として形象化されたのか。そのプロセスをつかまえなければなりません。

フロベールは、『ボヴァリー夫人』や『感情教育』といった作品を書くことで、「不在の大学」の時代が軋む音を表現したともいえます。そこでは、大学から排除されていた「女性」の存在がクローズアップされ、その解放がひとつのテーマとなっている。

フロベールにしろボードレールにしろ、リセで学んだリベラルアーツないし古典の教養を土台に、みずからの文学をきずきあげました。あたりまえの話ですが、制度としての大学はなくとも、大学の教養課程で学ばれるような内容というのは当時もあって、かれらはそれをおもにリセで勉強した。そのころリセにかようことができたのは人口のわずか一パーセントほど、まさにエリートだった。そういう人たちが、学問というものをリベラルアーツ的に解体・再構築して、小説ないしは詩として形成していく――そういう運動があったのだと思います。

＊2　人口の多い、鉄と炭塵の地方の喘ぐその同じ土壌が支えているのだ、〔オックスフォードとケンブリッジという〕思考のために建設されたふたつの都市が対をなして、大理石の花を咲かせているのを。（マラルメ／清水徹訳「禁域」、『マラルメ全集 II』筑摩書房、一九八九年、二一二頁）
＊3　Christophe Charle, *Discordance des temps: Une brève histoire de la modernité*, Armand Colin, 2011.

たとえば『**ボヴァリー夫人**』。この小説は、フランス西部の町ルーアン（作家の故郷です）のリセに、シャルルという名の、一五歳くらいの内気な少年が編入してくる場面からはじまります。少年は教室で自己紹介をせまられ、「シャルル・ボヴァリー」というじぶんの名をうまくいえなくて、「シャルボヴァリ！」とさけんでしまい、級友たちに笑われる。かれはのちに主人公エンマの夫となる準主役で、母の期待を一身にうけてまじめに勉強するのですが、立身出世をせいた両親はリセを中途退学させて、かれを医学校《エコール・ド・サンテ》（「帝国大学」システムの医学部ではなく、町医者を養成するための学校）にかよわせる。[*4]でも解剖学から臨床まで、どの講義もさっぱりわからない。免許医試験にいちど落第し、問題を丸暗記して再挑戦したすえになんとか合格する。

　こうしてやっと開業し、回診先で見初めたエンマとは晴れてむすばれる。ところが、エンマのほうはたちまち結婚生活に幻滅し、精神に変調をきたしてしまう。夫はよもやじぶんが原因とは思わず、「風土」のせいにして、故郷をすて田舎の村に移住する。しかし、恋愛を経験せずに嫁いでしまった若妻の心はいっこうに晴れない。そんなおり、シャルルはうかつにも新手の矯正手術に手を出して失敗し、面目をつぶす……これが決定打となって「貞操の名残り」もくだけちり、エンマは道ならぬ恋とはてしのない浪費につきすすんでいく。

　主人公のエンマ・ボヴァリーは、少女時代に聖ウルスラ修道会[*5]の女子修道院で教育をうけた。ロマン主義小説や歴史物語を山ほど読んで、非凡な人生とか、「騎士に救いだされる悲劇の姫君」の生にあこがれている。知性もあり、感受性もゆたかなのに、そのやり場がない。言葉の世界、あるいは大学的なものからは排除されていて、知識欲を花ひらかせることができずにいる。[*6] そういう人物を主役にして、大学の不在のなかで、**「女の解放」**にむけて事態が不穏な音を立てながらうごきだしていく。

＊4 捨小舟のように寂しい彼女（シャルルの母）は、さんざんに打ちこわされた自分の虚栄をすべてこの少年の上に託した。彼女は立身出世を夢み、この子が早や大きく美しくひとかどの才子になって、土木局か法曹界におさまっている姿を想像した。子供に読み方を教え、手持ちの古ピアノで唄の二つ三つも歌うことを教えた。しかし文芸に気のないボヴァリー氏（シャルルの父）は、それにたいしていちいち「無駄なことだ」といった。いったい、この子を官立学校に入れておいたり、公吏の株や商売の株を買ってやるだけのものが家にあるのか。それに、「男は押しさえあれば、世のなかで必ず成功するのだ」などといった。ボヴァリー夫人は唇をかみ、子供は村をほっつき歩いた。（伊吹武彦訳『ボヴァリー夫人』上、岩波文庫、一九六〇年、一四頁）

＊5 キリスト教伝説の殉教者聖女ウルスラにちなむ。一五三五年、北イタリアのブレッシアで、女性が貧困や家庭の事情で勉強や修道生活をあきらめざるをえない状況をかえようと、修道女アンジェラ・メリチらが創立したもの。

＊6 彼女は、こうした思いのたけを誰かに打ちあけたかったのかもしれぬ。しかし雲のように姿を変じ、風のように渦巻き返る捕えがたい不安をなんといいあらわそう？ つまり彼女には言葉が欠けていたのである。そして機会が、大胆さが。〔…〕「へえ！ 忙しくねえ！ いったいなにさ。小説だの、よからぬ本を読むのにだろう。お宗旨をそしったり、ヴォルテールの議論を引っぱってきて、お坊様を嘲弄したりする本をさ。本当にお前、ただじゃすまないよ。信心のないものは、しまいにろくなことはありゃしない」そこでエンマには小説を読ませないことに一決した。（『ボヴァリー夫人』上、六四、一九六頁）

『感情教育』にも、ある種の不協和音はひびいています。主人公の青年フレデリック・モローは、文学芸術に夢をいだきながらも、母親の期待にそってバカロレアを取得し、法学部で学ぶために田舎からパリへ出てくる（作家じしんもそうでした）。ところが現実の「大学」は、かれの想像したのとだいぶちがっていた。法学部は法曹を養成するための学校にすぎなかったので、そこに「大学」はなかったのでしょう。時あたかも一八四〇年、七月王政がブルジョワ特権階級しか潤さなかったことへの不満がふつふつと沸きたちつつあった時期です。郷里のリセでともに学んだ年上の親友は、かつて情熱をそそいだ哲学への興味をうしない、大革命の再来をまちのぞんでいる。法学部の大教室には倦怠がただよっている。「心あてにしていたような喜び」をえようとしてあれこれためすうち、フレデリックは市中でおきた学生の暴動にまきこまれる。それが、ひそかに想いをよせていたアルヌー夫人としたしくつきあう契機ともなり、フレデリックは法律の勉強をすてて「感情教育」のほうへとさまよいこんでゆくことになる。

こんなふうにフロベールのばあい、すべての人の大学的なものへの欲望、希求といったものが、作品をなりたたせているとも読めるのです。

## 小説とは描写である

**白石**　大学的なもの（大学そのものといってもいいのかもしれませんが）をあらためて考えなおすにあたって、それが一九世紀という時代にどのように希求されていたか、もっと端的にいえば**どのように感じられていたか**――この観点から一九世紀の小説《ロマン》を読みなおすことは、とてもたいせつだし、避けては通れないと思います。とりわけ一九世紀フランスの小説を読むことなしに、大学について語ることはおそらくできない。

フロベールは一般に、近代小説の完成者といわれています。かれのすこし前、一九世紀前半から中葉にかけて、小説というジャンルに先鞭をつけたのはスタンダールとバルザックでした。かれらの作品にも、やはり**大学の痕跡**はみてとれる。

『赤と黒』の主人公ジュリアン・ソレルは、地方の貧しい家の末子で、野心と知識だけで社会階梯をのしあがっていこうとする。それが悲劇的な結末へといたる過程が語られていくのですが、ここにはナポレオン時代の知のありかたというものが端的にあらわれています。知とは社会とうまく紐づけられることでこそ意義をもつ。そうでなければ知など価値はない。こういう知にたいする体制です（現代とよく似ています）。スタンダールじしん、ナポレオンの崇拝者でした。そのことが小説の結末を逆説的に予言している。知識をうまくつかって出世した主人公が、最後は殺人未遂で死刑になっちゃうんですからね。

ジュリアンはおさないころからルソーとナポレオンを読みふけっていました。[*7] たいへんな記憶力で、長じると人前で聖書をつぎつぎとラテン語でそらんじてみせ、有力者の子どもたちの家庭教師にやとわれる。階級上昇の第一歩です。でもじつのところ、聖書をラテン語で暗誦できることと立身出世にはなんの関係もない。それを歯車のようにうまく嚙みあわせることじたいが、ひとつの体制としてなりたっていた。

バルザックはどうか。『ゴリオ爺さん』のラスティニャックもやはり、南仏からパリに出てきて階級上昇を夢みる法学生です。ゴリオの悲惨な人生をまのあたりにしたかれが、「パリとのたたかい」を宣して物語は幕をとじる。かれもジュリアン・ソレル同様、出世主義者の代名詞みたいになっています。バルザックのばあい、人物描写がえんえんとつづいて、ときには退屈になるのだけれど、描写のつらなりによって、しだいになにごとかがあらわされていく。バルザックが創始したともいえることの手法というか考えかた、つまり**小説とは描写なのだ**という考えかたをつきつめていったのが、フロベールなのではないか。そういうフロベールの作品に、つねにある種の影ないしは残響として、大学的なものがまつわりついている。

では、フロベールが完成させた近代小説の固有性としての描写とは、いったいなんなのか。すこし遠まわりになるかもしれませんが、現代日本作家のことをお話ししてみます。

木下古栗《ふるくり》という作家が、二〇一六年に『グローバライズ』という短篇集を出しました（河出書房新社、一九年文庫化）。地の文による「語り」を入れずに、ひたすら「描写」だけがつづく作品群です。かれじしんの定義によれば、「描写」とは「登場人物たちの行動（動作、表情や身振りの他、自動車運転など道具と一体化したものも含む）、そしてかれらに知覚される周辺環境、これらをリアルタイムに立体的に文章にしていくもの」をさします。いっぽう、こうした描写から「遊離して（物語全体の）設定の説明、情報の提示、思考の開陳をしたり、登場人物に憑依、もしくはその代弁の形で心理や記憶を語る文章（声といってもいい）」、これらはすべて「語り」だとしています。*8

＊7　下男たちと一緒に食事するのが大嫌いだということは、ジュリアンの持って生れた性質から来るものではなかった。彼は幸運を摑むためになら、それとは別の辛酸をいくらでも嘗めもしただろう。この嫌悪はルソーの『告白』から汲み取ったものだった。この本は、彼の想像力が世間というものを思い描く時の手引になる唯一の本だった。ナポレオン軍の戦報の集録と『セント＝ヘレナ覚書』（侍従ラス・カーズが口述筆記したナポレオンの日記）とともに、これが彼の聖典となっていた。この三冊の本のためなら彼は死ぬことも辞さなかった。〔…〕彼はこれ以外のありとあらゆる書物を嘘八百の、ペテン師が立身出世の手段として書いたものだと思っていたのだ。（スタンダール／大久保和郎訳『改訳 赤と黒』角川文庫、一九六七年、三〇頁）

＊8　木下古栗「『グローバライズ』刊行記念［創作論］表現と書く技法」、『文藝』二〇一六年夏号、三二八-三二九頁。

かれにとって小説の固有性とは、ひとつには読み手に書き言葉との衝突や違和を感じさせることにある。ところがネットやSNSの普及で、だれもかれもが毎日なにかしらを書き＝語り、それが公開されるようになった。その結果、「書くことで語る」ことにかけては「なんでもあり」の表現形式だった小説が、その「なんでもあり」の度合いにおいてネットに凌駕されたのではないか（しかもすでにそれ以前に、映画や漫画、アニメ等々によって、想像力じたいの全般的通俗化がおきてもいた）。そのなかで小説の独自性を出すには、「語り」をやめるしかない、と。[*9]

かれの試みを展開して、こうもいえると思います。いまや「語り」によって進行する**筋（ストーリーとプロット）だけのテクスト**ばかりが書かれ、読まれている。文芸のみならず日常の世界でも、これこれこういう理由でこうなった、するとだれそれがこうした、そして結果は……みたいな文章が大勢を占めていますよね。

物語論では、ストーリーとプロットをわけて考えて、基本的に前者は出来事の前後関係をしめすもの、後者は出来事の因果関係をあらわすもの、と定義されています。じつはこの両方とも、フロベールや木下に即していえば、小説を小説たらしめる要素ではない。ところが現状、小説をふくめフィクション作品の多くが、ストーリーとプロットだけになっちゃってる。逆にいえば、いずれも日々の情報環境のなかに溢れかえっているのだから、小説がそういうものをになってもしょうがない、という話です。

ただ、「描写」にふりきった『グローバライズ』の小説としての成否については、ちょっとむずかしいところがある。当の作家も創作意図を解説したエッセイ――これじたい、たいへん読みごたえのある小説論になっているのですが――で、「控えめに言って上手くいかなかった」と述べています。

たしかに、小説は描写だけではなりたちにくいのでしょう。でもたとえば中原昌也の作品のように、ふつうの意味でストーリーやプロットがはっきりしていないような小説が読みうるのも、ひろい意味での描写が優位にある（フットボールでいえば「支配率が高い」）からだと思います。われわれはそうやって「描写の優位性」がテクストとして実現されているときにのみ、小説性ともいうべきもの、生きていることの感情に触発される意味のようなものを感じる。新聞やネットの文章を読んでも、そういうものはまず感じないですからね。

*9　ネットで何でも如何様にでも「語れる」ようになった今、小説の文章がそこから身をもぎ離した孤高の独自性をもつには、その「語り」の要素を徹底的に排除するしかないように思われる。〔…〕ここでは読み物ではなく書き物としての、娯楽ではなく表現としての小説を主に念願に置いている。〔…〕そして表現とは垂直的な力の横溢や屹立のことであり、小説の場合、情報（設定や仕様）や心理（感情や思考）を「語り」で伝えたり、それによって惑わしたり欺いたり、あるいはただ「語り」を続けるために情報や心理を述べたり、といったコミュニケーション的、広告宣伝的な水平性に依らずに、あてのない先鋭を志向するものである。（木下、同前、三三二頁）

話をもどすと、「描写の優位性」がどこからはじまったかといえば、フロベールなのだと思います。かれの湛える大学の影のなかから、描写優位の小説のエクリチュールが生みだされた。これはとても興味深いことです。

**象徴革命**

岡山　ナポレオン的な「社会に紐づけられた知」という理念は、じっさい一九世紀初頭のフランスで、「国の将来をになう人材」を育成するための職業教育最優先のシステムとして具現化しました。ナポレオンはリセをつくり、教育を「近代的かつ合理的に」再編成した。一八〇六年五月一〇日の法律で確立された教育の中央集権体制、いわゆる「**帝国大学**」**システム**です。帝国大学といっても、そういう名前の大学をあらたにつくったのではなく、国による教育の一元的管理体制の名称です。これによってフランスの教育は、文字どおり国家をささえるシステムになってしまった。スタンダールは、王制を打倒した英雄であるナポレオンが、抑圧されてきた民衆の知性や力を解放してくれると信じ、かれのこういう教育理念にも同調したのかもしれません。

しかし、このナポレオン的な教育システムも、王政復古によってかれが失脚した一八一五年を境に変容していきます。指導者をうしない、公教育の方針をめぐって混乱がひろがっていく。

フロベールとボードレールは、一八四八年二月と六月の経験のなかで、民衆がおしつぶされるさまをじかに目撃しました。おそらく、革命というものが不可能であるならば、いったいなにができるのかと考えたことでしょう。そこから、文学によって民衆を、というよりすべての抑圧されたものを解放するという方向性も出てきたのではないか。

ふたりとも、ナポレオンのシステムにも、それ以前からあった制度——中世以来のファキュルテ（神・法・医・文・理の五学部）や一八世紀以来の王立・国立の専門学校《エコール・スペシアル》——にもなじめなかった。そうして大学とはべつの場所で、文学のなかに中世以来のリベラルアーツを再興するかのような試みをはじめる。そのなかで、大革命がすくいそこねた**民衆の形象**がふたたび掘りおこされる。大学とは、知的にも職業的にも自立した自由をもとめる場であるべきはずだが、その実現にはまだ遠い。貧しい民衆や女性には、職業の面での自由への道は絶たれていた。フロベールもボードレールも、文学をつうじて、エリートであるじぶんの解放とともに、おそらくはそういった民衆あるいは女性の解放をもくわだてたのだと思います。

精神的にも職業的にもあらゆる抑圧や支配から解放され、みずからの将来をおのが手できりひらく——そうした中世以来の「**学生的な生**」への希求を表現しようとするとき、フロベールにとって「描写の優位性」は、ある意味で必然だったのかもしれません。自然にせよ人間の心理にせよ、なにかを描写するという行為は、じかにふれてそのままとりだす、ときには一体化することでもある。いったん文明や文化、政治や教育のシステムの外に出て、自然や民衆にふれ、その思いをわがものとしないとできない。フロベールの異様に現実味をおびた自然描写・心理描写には、そういう意志のようなものを感じます。

ボヴァリー夫人のモデルがだれかと問われて、フロベールはこうこたえています、「**エンマは私だ**」と。さらには、「いまこのとき、フランスの多くの村々で、ボヴァリー夫人は泣いている」ともいっている。[*10] これはたんに男の作家が女の気持ちになってみるというようなことではなくて、抑圧されたものをそのままとりだし、しかもそれと一体化するという意味なのだと思います。つまりエンマとは作家じしんであるだけでなく、民衆=人民でもあった。

それにフロベールのばあい、筋にもとづいて設定を考えるというより、あるリアルな環境におかれた人間が、生命を得てうごきだすさまをとらえるというふうに考えていたのではないか。特定の自然環境や社会環境に青年や女性をおいてみたとき、かれやかの女はなにをどう感じ、どううごくか、という実験です。『感情教育』でいえば、不穏な空気ただようパリの社会的空間にほうりだされたフレデリックが、みずからの位置をたしかめながら、かれなりに自己を成就させていく。つまり一種の自己形成小説《ビルドゥングス・ロマン》でもある。これはドイツ文学から発したもので、ひとつのジャンルにすぎないわけだけれど、フロベールの試みによって、むしろ「小説とはすなわちビルドゥングス・ロマンなのだ」という認識が生じたとさえいえるのではないか。

おなじ時期に、美術界でも重要な転覆がおきています。**ドラクロワ**が一八三〇年に七月革命を画題に描いた《民衆をみちびく自由の女神》を、**ボードレール**が一八四五‐四六年のサロン（官展）評で絶賛する（これがかれの文壇デビューでもありました）。古典主義の秩序を破壊して、女性・子ども・人民を革命の主役として描いた、ロマン主義を代表する作品です。そして『ボヴァリー夫人』の連載がはじまる前年（一八五五年）には、**クールベ**が《画家のアトリエ》を発表し、みずからを画面中央に配置して、やはり古典主義の表象空間をひっくりかえす。この絵は、ミケランジェロの《最後の審判》とベラスケスの《侍女たち》の大がかりなパロディーになっている。前者のイエス・キリストはカンバス裏のマネキンと化し、後者では裏しか見えないカンバスは、自然の風景が描かれた表を見せている。寓意《アレゴリー》をかくれみのに、ナポレオン三世による第二帝政や教会の権威をあざ笑うかのようなとんでもない絵です。そして六〇年代に入ると、マネが《草上の昼食》や《オランピア》といった「非常識」

＊10　伊吹武彦による訳者解説、『ボヴァリー夫人』下、三四四‐三四五頁。

クールベ《画家のアトリエ　わが芸術的（そして倫理的）生活の7年におよぶ一時期を定義する写実的寓意画》1855年

マネ《草上の昼食》1862-63 年

な作品をつぎつぎに発表し、一大スキャンダルをまきおこす。[*11]

ブルデューはこれらの作品ないし運動を、一滴の血も流すことなく、旧来の秩序や表象空間やものの見方をいったんさらにして、世界の見え方を根底からくつがえすという意味で「**象徴革命**」とよびました。フロベールとボードレール、あるいは美術の世界でドラクロワやクールベやマネがなしたことは、まごうかたなく一種の革命だった。

こうしてきりひらかれた小説ないし文学の可能性が、その後ゾラやマラルメ、[*12]プルーストらによってひきつがれ、反復されていくことになる。ゾラやマラルメになると、フロベールやボードレールがみいだした文学的な自由をばねにしながら、もういちど社会——第三共和政下の——にむけて訴えかけていく。アンガジュマンですね。ドレフュス事件のさいにゾラが書いた「われ弾劾す」[*13]、あるいはマラルメが構想した「文学基金」はその端的な例です。プルーストにしても、若いころはドレフュス派として活動したし、『失われた時を求めて』のなかでは第一次大戦になだれこんでゆくフランスとドイツの「帝国的社会」を執拗に描いている。

そして一九世紀末、ドレフュス事件をきっかけに誕生した「**知識人**」たちが、マラルメやゾラの姿勢をひきついでいく。かれらは大学不在の状況のもとで、ドレフュス派として思索し行動することで、凋落して収拾がつかなくなっていた第三共和政をたてなおす役割をになう。そのプロセスのなかで、

＊11　この絵画には多くの「非常識」がありました。いくつかの「不作法」について指摘しなければなりません。カテゴリーの観点、この時代の人々の意識にそれとなく組み込まれた知覚図式の観点、大多数の観客と芸術家によって認められたものの観点から、この絵画には多くの矛盾が存在しました。たとえば、二・〇八メートル×二・六四メートルのサイズのこの絵画は、その主題には大きすぎると指摘されました〔…〕一部の人々は、それは風俗画にしては大きすぎるし、とりわけ水浴の場面にとってはなおさらだと考えました。それは非常に特殊なジャンルでした。同時代性とその作品の牧歌的特徴の間に矛盾があるといった批判がなされました。水浴のシーンにしてはあまりにも写実的だという批判もなされました。批判の対象となった物議の他の原因は、こっそりと売られるか、あるいは紳士が財布に忍ばせるわいせつなイメージにしては公に晒されすぎているということでした。この作品は二種類の神聖なるものについて、二重の「逸脱」を犯しました（すなわち、この作品は冒瀆を犯した）。一つ目として、美学の秩序における特別な神聖なるものにこの作品は背きました。それは、美術評論家や、ことに熱心な〔カトリック〕信者によって非難されました。彼らは最も憤慨していた人々でした。二つ目は、特別ではない神聖なるものにも背いたというものです。それは倫理と性の両面に基づいていました。（ピエール・ブルデュー／村松恭平・三竿梓訳「それしてマネは物議をかもした」、『ル・モンド・ディプロマティーク日本語版』二〇一六年九月号）

＊12　「非常識」なマネを一貫して擁護しつづけたのがボードレール、ゾラ、マラルメであり、かれらの直接・間接の交流が織りかさなって「革命」がおきていく。詳細は二〇五頁以下、岡山「「大学／文学」論序説」参照。

＊13　ゾラが時の仏大統領フェリックス・フォールに宛てて書いた公開告発状。一八九八年一月一三日『オーロール』紙の一面に掲載された。ドレフュスの無罪を主張し、捜査・証拠・裁判の瑕疵、政府と軍部の反ユダヤ主義をきびしく告発する内容だった。記事は国内外で反響いちじるしく、焦った当局によりゾラは名誉棄損で有罪を宣告されイギリスに亡命（翌年六月帰国）。そのわずか三年後、事件の渦中でゾラは一酸化炭素中毒で急死した。反ドレフュス派による暗殺という説もある。その後、知識人たちのねばりづよい闘争が実をむすび、ゾラの死から二年をへた一九〇六年、ドレフュスにようやく無罪判決がくだった。

いわばかれら知識人を社会が吸収するシステムとして、制度としての大学が再生する。けれども再生した現実の大学もまた、知識人たちが理想としたカント的な大学とはちがっていました。フランスにおいて大学が民衆にひらかれたものとなるまでには、さらにいくつかの出来事——ふたつの世界大戦、教育の無償と政教分離を確認した戦後の第四共和国憲法、六八年五月——をへなければならなかった(このプロセスは未完ではありますが)。

　こうしてみてくると、**フロベールとボードレールにはじまる象徴革命が大学を可能にした**ともいえる。そこから六八年五月にいたるまでの経緯とか、白石さんのおっしゃる「小説性」(小説と韻文の関係もふくめて)、そして文学的なものが大学にむすばれてゆくプロセスについても考えてみる必要があります。大学とは、ある種の理論化と形式化、つまり文学的なものが学問(自然科学、社会科学、人文科学)の言葉に回収されていくプロセスをへて、はじめて可能となるものでもあるのですから。

## 感情に根ざした生にふれる

白石　いわば象徴革命によって、小説が不在の大学を顕現させることになった。そしてそういう小説は、つねに**感情に根ざした生**を問題とする。

一九世紀はロマンの世紀であるいっぽうで、詩の危機の時代でもあった。それを端的にあらわしているのが、ボードレールという特権的な「場所」――「人」というより「場所」――だった。一八四八年二月革命のさなか、かれがピストルを手に街をうろつくころには、第二帝政下の一八五七年に上梓されることになる『悪の華』の収録作品はほぼできあがっていたといわれています。この生前唯一の詩集は、公刊されるやいなや発禁をくらう（とくに冒瀆的な六篇を削除しないかぎり、売ってはいけないとされた）。つづく六月蜂起の弾圧からナポレオン三世による第二帝政発足（一八五二年）にいたるプロセスは、まさしく**革命の不在**、**革命の不可能性**を象徴する出来事です。その過程で、かれが四八年当時に書いた韻文は、制度的な意味での不可能（出版の禁止）に直面する。

そこでボードレールはどうしたかといえば、ジャーナリスムをつうじて作品を発表しはじめます。すでに書いた韻文を散文に書きかえて新聞にのせるというやりかたです（その集成がかれの死後、散文詩集『パリの憂鬱』として出版されます）。さきほどのお話にあったように、サロン評や美術批評も書く。同時にポーの小説の仏訳にもとりくむ（マラルメもポーの『大鴉』を仏訳していますね）。あまりうまくいかなかったけれど、小説も書きかけました。韻文から散文へ、政治から文学そしてジャーナリスムへ――ボードレールはまさに、「小説の世紀」の結節点を体現する「場所」でした。

かれがいくつもの不可能にとりまかれて酒と薬におぼれかけるころ、小説はフロベールによって完成をみます。岡山さんが指摘されたように、そこに民衆ないし人民を出現させようとするとき、ストーリーはさほど役に立たない。民衆が生きている**感情の世界**は、本質的にストーリーとは無関係だからです。では感情とはなにか。

語義的に情動と感情は区別したい。**情動**は生存と深くむすびついたもので、人間だけでなく動物にもあります。なんらかの徴候が知覚されて、情動がはたらいて、行動がなされる。「数メートル先の木立がゆれた、敵が近くにいるらしい。やばいぞ、逃げよう」ということですね。知覚があってすぐ行動にうつるのではなく、そのあいだに情動がはたらいている。敵を察知してすぐに逃げるのではない。敵の存在をまぢかに感じてびっくりしたり、おびえたり、つまり気持ちがうごく。それで逃げるなりかくれるなり、行動にうつる。

ところが、かならずしも情動が行動にむすびつかないこともある。そのとき**感情**が生じる。一瞬おびえてしまった、そういうじぶんに腹がたつ、ビビってたまるか、逃げもかくれもしないぞ……とかね。情動はけっきょく、行くかとどまるかの二者択一にしかみちびかない。餌なら近づく、敵なら遠ざかる。情動とは、知覚から行動をみちびきだすための媒介、知覚によって触発された心身の変化です。それにたいして感情は、言葉によって、言葉が介在して情動がつかまえられるときに発生する。

民衆ないし人民は、日常的にどういう生を生きているのか？　えらい人に命令されて、いやいやながら、ときには嬉々としてそれに服従する。そういう生です。動物のばあいは餌とか敵ですけど、人間はえらい人の命令を知覚して行動にうつす。すると、情動が透明になればなるほど、命令に従順な良き民ということになる。そのとき、なにいってんだ、ふざけんな、というかたちで感情が発生する。まつろわぬ民の出現です。それを顕現させるには、ある種のリズムの休止がなければならない。たとえば一九世紀、国民皆兵制によって軍隊が組織されていったわけですが、軍隊生活を律するのは一定のリズムであって、そこにいわば韻文的な支配がおきてくる。散漫だったり、ボーッとしてたりするとおこられる。でもそうやってリズムをとめることで、なにかが立ちあらわれてくる。小説の世界でもおなじです。おそらく同時期に、韻文のリズムをとめようとする、韻文的なものの体制化にあらがうううごきが生じた。

フランス語のばあい、小説の「語り」にふたつの時制がつかわれます。物語の進行をになうのは、「起きた、会った、びっくりした」等々、単純過去の時制です。かたや「起きていた」というように、半**過去の時制**でものごとの持続が「描写」される。半過去とは、はじめとおわりがない、ものごとの展開に組みこまれない時制です。ここでの流れとはなにかといえば、ナポレオンとかナポレオン三世の命令をきくってことです。フロベールが半過去による描写優位の小説を書きはじめたことの遠景には、韻文による支配が全面化しつつあった一九世紀中葉のフランスがある。そういう状況のもとで、だまってしたがってたまるかというか気持ちというか感情を、描写にのせていく。それが小説なんだと思います。

### 「詩句の危機」の時代に

**岡山**　西洋の韻文には約束事がたくさんある。たとえば一七世紀のラシーヌの詩などが典型ですが、男性韻と女性韻が交互に出てくるように書かれている。男女の交感を描くためというより、それがひとつの形式だったわけです。こうした韻律法が一九世紀にいたっても存続していて、ユゴーのようにそれをじゅうぶんに鳴りひびかせることのできる詩人もまだ存在していた。ユゴーとフロベールは同時代人であり、前者が長きにわたり民衆の心に訴える韻文を書きつづけ、後者が小説的なエクリチュールを発見していったプロセスは、時期的にはかさなっている。ほかならぬボードレールの『悪の華』だって韻文ですしね。

小説はしばしば男と女の事柄、恋愛とか感情とかを、ストーリーとプロットに描写をからませつつ描いていく。そこに社会の空気、民衆の声がかさなってくれば、たんなる恋愛小説をこえて、時代の軋みをあらわす作品ともなりうる。さきほどの木下氏の謂いではないですが、なにをどのようにでも描ける。韻文は小説のそうした自由な展開を傍目にみながら、ある意味凋落していってしまう。

ただし、イマジネーションというものは、とりわけフランスでは伝統的に韻文にささえられてきたわけで、とうぜんながらその力は小説にもはたらく。それもふまえて考えると、フロベールは、小説的な作業のなかで韻文の響きにも耳をすませつつ、**言葉のもたらすイメージが言葉じたいによってどこまでも展開してしまうような作品世界**というものをつくりだしたのではないでしょうか。

ところが、第二帝政の抑圧状況のなかで、一八五七年一月に『ボヴァリー夫人』が完成（雑誌連載が終了）するやいなや、フロベールは「良俗と宗教をけがした」として起訴されてしまう（ほどなく無罪判決がくだりますが）。そして同年六月に出版されたボードレールの『悪の華』は発禁になってしまう。その反面、世の注目をあつめたということもあって（フロベールはこうした「スキャンダル的成功」をいやがっていたようですが）、第二帝政的なものへの批判の方向性を文学がになっていくきっかけともなった。

つづく第三共和政の時代になると、マラルメによればユゴーの死（一八八五年）を契機として、「**詩句の危機**」がいよいよあらわになっていきます。象徴主義《サンボリスム》の若い詩人たち――『悪の華』やランボー『イリュミナシオン』の愛読者たち――が、伝統的な韻律法にとらわれず、思うままに詩を書こうという「自由詩」の運動をおこします。これによって、もはや韻律法にのっとればだれでも詩が書けるという状況ではなくなり、詩人でありたければみずから韻律を発明しなければならなくなった。韻律法そのものの崩壊です。

イマジネーションをささえてきた韻律がよりどころではなくなったとき、なにがおこるか。自由詩といいながら、だれでもどんなふうにも詩が書けるどころか、逆に**詩が書けない**という事態が到来した。それでも詩人であろうとした人びとのなかには、文学の世界をそれて、ジャーナリスムの世界で生きる道をえらぶ者もいた。フェリックス・フェネオンやベルナール・ラザールなど、かつてマラルメの火曜会のメンバーだったけれど、マラルメ的なものをはなれてジャーナリスト的な活動をするようになった人たちです。[*14] しかしかれらがいなければ、ドレフュスの冤罪を社会的事件とすることはできなかった。ラザールはドレフュスの最初の擁護者ですし、フェネオンは『白色評論』によってドレフュス派の糾合を可能にした。ゾラにしても、かれらの運動が土台にあったからこそドレフュス派たりえたのです。(逆説的ですが、マラルメの「文学基金」もまた、その非実現性によってドレフュスの救済——正義と真理の一体化——に貢献したといえるかもしれません。もし実現していたら、かれらは詩人として再生できて、ジャーナリスムにかかわることはなかったかもしれないからです。)

それはさておき、一九世紀末のフランスにおいてはこのように、文学におけるイマジネーションの崩壊と社会の危機がつながっていた。おそらく、大学が復興されねばならないという理念も、この危機の渦中で、ある意味反動的な要請として浮上したものです。文学が不可能になっていくときに、社会のアイデンティティをたもつにあたって、大学的なものが必要とされた。一九世紀末（一八九六年）の総合大学設置法はそのあらわれです。

こうして文学が——そのすべてではなく、ある部分が——大学のなかに回収されていくための鋳型ができた。そこに流しこむべきものがなんなのか、いまだはっきりとはわかっていないのだけれど、ともかくこのあと、文学的なものと大学的なものがパラレルに存在する素地ができたのだと思います。

**白石**　フランスの一九世紀とは、文学的なものないしロマンの顕在と大学の不在が並行関係をなしていた時代だということですね。他方でそれは、ナポレオン第二帝政によって近代化がおしすすめられた時期でもあった。おもにその第二帝政下で書かれたユゴーの『レ・ミゼラブル』とは、いったい

＊14　フェリックス・フェネオン（一八六一 - 一九四四）フランスのアナキスト、美術評論家。一八九六 - 一九〇三年『白色評論』誌編集長。ランボーやロートレアモンの詩集の編纂にもたずさわる。ジョルジュ・スーラをいちはやく評価し、「新印象派」の呼称を発明したことでも知られる。ベルナール・ラザール（一八六五 - 一九〇三）フランスの文芸評論家、ジャーナリスト。『誤審——ドレフュス事件の真実 *L'Affaire Dreyfus – Une erreur judiciaire*』（一八九六）を著し国内外の世論喚起に尽力。**火曜会**　マラルメがパリ・ローマ街の自宅で毎週火曜にひらいた交流会。かつてのフェネオンやラザールらはもとより、ヴェルレーヌ、ジッド、ヴァレリー、リルケ、イェイツ、ワイルドら内外の詩人・作家のみならず、マネ、モネ、ルノワール、ドガら画家、ドビュッシーら音楽家などあまたの芸術家がつどった。

どういう小説だったか。表題の「みじめな人びと」とは、端的に民衆をあらわしているのでしょうが、それはどのような民衆なのか。

ユゴーは第二帝政下の都市の浄化《ジェントリフィケーション》――セーヌ県知事オスマンによるパリ大改造――によって、ごちゃごちゃした下町の生がうしなわれていくことをひどくなげきます。『レ・ミゼラブル』は、その記憶を小説によってとどめようとしたものでもある。よく知られているとおり、オスマンの都市計画は、大革命いらい国家をおびやかしつづけてきたパリの民衆蜂起を封じるためにおこなわれたものです。民衆がバリケードをきずいて軍隊をじゃまできないようにする。こまかな網の目のごとくはりめぐらされた路地をなくし、見通しをよくする。広場をつくり、そこから放射状に大通りをのばす。広場に兵士をあつめれば、一種の一望監視装置《パノプティコン》としてもつかえる。その象徴としてレピュブリック広場もある。けれどもこんにち、なにかおきれば、やっぱりみんなそこにあつまってくる。警察なり軍隊が広場に集結できないように先に占拠してやれ、ということでしょう。大改造で路地はつぶされちゃったけれど、蜂起の記憶は残存しつづけているのだと思います。

## アルゴリスムを停止する

**白石**　ここまで話題にしてきた小説の「語り」をめぐって、おもにフランスの小説を題材に「言葉の力」を考察しつづけている赤羽研三さんの論考をちょっと参照しておきたい。[*15] 赤羽さんはそこでバンヴェニスト、ヴァインリッヒ、ジュネットなどに拠りつつ、小説の発話行為とは、日常の「話モード」とはことなる「語りモード」だとする。[*16] そして小説の「語りモード」をさらにふたつにわける。さきほどお話しした、「単純過去で物語の進行をになう語り」と、「半過去で風景や物語の背景、人物の生い立ちなどを説明する語り」です。用語がちょっとまぎらわしくなってしまうんですが、われわれの文脈ではここまで、前者を「語り」、後者を「描写」といっています。

＊15　赤羽研三「語りの言語とは何か――小説における描写を中心に」、ナラティヴ・メディア研究会編『ナラティヴ・メディア研究』第七号、二〇一八年。
＊16　エミール・バンヴェニスト（一九〇二-七六）フランスの言語学者。『一般言語学の諸問題』（一九六六・七四年、邦訳：岸本通夫監訳、みすず書房、一九八三／二〇〇七年）など。レヴィ＝ストロースの盟友でありブルデューの師でもある。ハラルト・ヴァインリッヒ（一九二七-二〇二二）ドイツの言語学者。『時制論』（一九七三年、邦訳：脇坂豊他訳、紀伊國屋書店、一九八二年）など。ジェラール・ジュネット（一九三〇-二〇一八）フランスの文学理論家。『フィギュール』（全五巻、一九六六-二〇〇二年、I・III邦訳：花輪光監訳、書肆風の薔薇、一九九一年）など。

赤羽さんはさらに、小説を読んでリアリティを感じるとしたら、それは半過去による描写がもたらしたものなのだという。たしかにわれわれは「語り」が駆動する物語の展開に、「つぎはいったいどうなるんだ」と、ワクワクしたりハラハラしたりします。それが小説の醍醐味のひとつではある。でもそこで感じられているのはアクチュアリティであって、リアルさではない。小説を小説たらしめているのは、**ある「隔たり」をもってつたわってくるリアルさ**である。[17] さっき岡山さんがおっしゃった、「じかにふれる」ことでとりだされるような現実味です。赤羽さんはそのことを、まさしくフロベールの小説をひきながら述べていく。そして『ボヴァリー夫人』から、つぎのような描写を引用します。

> シャルルはいつまでも食べている。エンマは榛の実をかじったり、食卓に肱をついて、手持ちぶさたなままに、ナイフの先で蠟びきのテーブル掛けの上に筋をつけたりした。[18]

夫への不満をもてあますエンマの姿が、ちょっとした動作のつらなりによって表現されています。『ボヴァリー夫人』という作品は、こうしたディテールの巨大な堆積です。ある日の田舎の食卓、そこにアクチュアリティはない。でも、息づまるようなリアルさが充溢している。

こんなふうに、なにごとかを感じさせるかすかなしるしのようなものを、ぼくは端的に**徴候**とよんでいます。葉っぱのゆらぎ、鳥のさえずり、日の陰り、だれかの目くばせ、好悪のうつりかわり、そしてエンマ・ボヴァリーのささいな身ぶり等々。その対極にあるのが表象です。表象は、それがあらわすものにはっきりと紐づけされている。名前、肩書き、学位、各種属性、あるいは国家が送りつけてくるもろもろの通知。アクチュアリティを原理として、つねに行動の始点となるものです。これにたいして、なんだかわからないけれど気になってしょうがない、意味もよくわからないし、すぐに行動にむすびつくわけじゃないけれど、無視できないリアルさを湛えたもの、それが徴候です。われわれはふだん、いやおうなしに表象に反応しつつ、なにかしらをやらされている。でも、感情がうごくときは徴候にふれている。そういう徴候——赤羽さんの言葉をつかえば「リアルなもの」——をつかまえようとするのが小説なのだと思います。

＊17　エンマと、書き手や読み手とのあいだにも、エンマとシャルルのあいだにあるものとは別の越えがたい隔たりがある。書き手も読み手も、彼女とのあいだのいわば透明な壁を前にして沈黙して見ているしかない存在になっている。といっても、書き手も読み手も単なる傍観者ではなく、孤独な二人の姿に釘づけになっているのだ。内面のくだくだしい説明によって同情を掻き立てることは一切ない。そうした外からの描写によって、逆にその光景が即物的なものに、リアルなものとして現われてくるのだ。リアルさとは、読み手を、その亀裂のどうしようもなさに圧倒され息を呑んで見守るしかない状態に置くことから生じてくる。（赤羽、前掲論文、四一頁）

＊18　赤羽、同前、四〇頁（『ボヴァリー夫人』引用は山田𣝣訳、河出文庫、二〇〇九年、一〇三頁）。

ちょっと飛躍するかもしれませんが、ナポレオン三世の第二帝政が重要なのは、それが明治維新でめざされた近代国家の雛形のひとつになっているからです。そういう時期に、国家的なもの、ユゴーがきらったような都市の浄化、あるいは制度としての大学の不在をうめあわせるものとして、描写にもとづくロマンの隆盛があった。アクチュアルな国家にたいするリアルなロマンの発生です。近代小説とは、**リアルな徴候の一種のレセプターのようなもの**として誕生したともいえる。

「国家的なもの」とは、いわば**法・取締・労働のアルゴリズム**です。このアルゴリズムがいったん作動してしまえば、たとえアメリカとかイギリスとか日本といった名前がつかなくても、「国家的なもの」は成立してしまう。ルールがきめられ、それをやぶると罰せられるという体制のもと、なにやかや作業をさせられる。この体制がスムーズに、それこそアクチュアルなかたちで機能するとき、国家的なものはミクロな次元でもつぎつぎと発生し、機能してしまうでしょう。

だから、そういう連動をちょっととめて、おちついて考える、感じる、たちどまる必要がある。国家的なものは表象の言葉に裏打ちされていますから、表象ではなく、紐づけられていない徴候へと知覚がひらかれるようになれば停止します。いかに迂遠に思えても、国家のアルゴリズムがしいる隷従をしりぞけるためには、徴候を感じとる必要があります。

民衆は歴史的にくりかえし蜂起もしてきたけれど、ときには「こういうご時世だから」みたいないいかたで、国家的なものをすすんでささえてしまうこともある。それにたいして、ちょっと待ってくれという感じで、国家のアルゴリスム=表象の体制にひびを入れていく、それが民衆的、小説的、そして大学的なありかたなんじゃないか。岡山さんがおっしゃるように、一九世紀のフランスで、大学が不在だったからこそ近代小説が生まれた。それは表象の体制をいったんとめるために、描写によってリアルな生を出現させたということでもあると思います。

国家が消滅しても、国家的なものがどうしても残ってしまう。だったら、**民衆的=小説的=大学的な生**が、国家的なものにたいしてつねに優位をたもつような世界を考えたい。一八七一年、パリ・コミューンでいったん国家がとまる。でもたちまち表象体制が復活して第三共和政にもどってしまう。その四半世紀後に大学が復活し、ドレフュス事件がおこる。知識人たちが表象体制としての国家にたいして、真理と正義のありかをはっきりさせるためのたたかいをいどんでいく。かれらはいわば詩人や小説家になりきれず、それでも表象よりも徴候を感じとろうとする人たちでした。その意味で、民衆的=小説的=大学的存在でした。

こんなふうに、表象と徴候、国家と小説、国家と大学は、それぞれつねに対抗的な関係にある。基本的にべつの原理でうごいている。そう考えると、知識人たちによる一九世紀末フランスのジャーナリスムというのは、民衆的=小説的=大学的なものが国家的なものをおしこんでいく活動だったともいえる。それは不在の大学、あるいはロマンの顕現のはてにおきたパリ・コミューン、さらにそのあとの第三共和政における中世以来の大学の復活――これら反国家的ないし非国家的なものの合成なしには、出現しえなかった活動なのだと思います。

## 大学無償＝ベーシックインカム体制で「禁域」をつくりだす

**岡山**　フランスで一九世紀末に大学が再生するには、国家の手をかりねばならなかったわけだけれども、国家の側にはドイツに対抗するためという目的があった。力と力のあらそいにおいて、大学が必要とされたわけです。

すでに申しあげましたが、マラルメはドイツよりもイギリスの大学を理想としていました。イギリスの大学だって、国家をささえる機能をになわされてはいるんだけれど、ある面では大学が国家よりも優位にたっている。オックスブリッジはそもそも国家がつくったものとはいえないし[*19]、みずからの巨大な資産によって国家からの自律性をたもつことができていた。しかし、それがたいへんとざされた場であったことは、たとえばマラルメと同世代であるトマス・ハーディの一八九五年の小説『日陰者ジュード』（イギリス版『ボヴァリー夫人』ともいえる作品）につぶさに描かれている。入りたくとも入れない人たちがいて、悲惨な人生をあゆんでいる、それを救いえないような大学だった。民衆のための大学とはいいがたかった。[20]

マラルメもそのことに気づかなかったわけではありません。むしろ、外界から隔絶されたキャンパス内を悠然と散策するフェロー（教授）と学生たちの姿に、精神の自由と「永遠」をみたのでしょう。ひるがえってかれの母国では、大学の不在と詩句の危機のなかで、詩人たちがあてどない彷徨をしい

＊19　オックスフォードは一一世紀末、イングランド王ヘンリー二世が自国の学生のパリ大学への留学を一時的に禁じたことで、一種の自発的学園都市が形成されたのが起源。ケンブリッジは一三世紀初頭、オックスフォードの住民と学生のあいだで抗争がおき、学徒らが移住してきたのが起源。いずれも運営方法や制度についてはパリ大学を範とし、やがて高位聖職者や国王など富裕な篤志家が学寮を創設することで、学寮を単位とする学寮制大学（collegiate university）として独自の発展をとげていく（中村勝美「オックスフォード大学」、船勢肇「ケンブリッジ大学」、安原義仁「イギリスの大学」、『大学事典』二四五、四〇四、一一八頁）。

＊20　ハーディの『日陰者ジュード』（上下巻、川本静子訳、中公文庫、二〇〇七年）から三〇余年後の一九二九年、プルーストとほぼ同時代で、前世代から「象徴・文学革命」とアンガジュマンをひきついだヴァージニア・ウルフは、あいかわらずエリート男性の牙城として君臨するオックスブリッジをおとずれた折の疑問と怒りを、静かに鮮烈に描くだろう（片山亜紀訳『自分ひとりの部屋』平凡社ライブラリー、二〇一五年、第一章）。兄弟はケンブリッジで学んだのに、かの女は大学にかよわせてもらえなかった。だがその「不在の大学の経験」がなければ、ブルームズベリー・グループという「イマジネールな大学」は現前しなかったかもしれない。あるいは、『失われた時を求めて』の続編ともいえる『ダロウェイ夫人』『灯台へ』『波』などの傑作群も、大学的なものをしりぞけ戦争に走る心理をえぐりだす『三ギニー』も、生まれなかったかもしれない。

られている。イギリスのようにあらゆるものから自律し、しかもそれを無言の民衆がささえるような大学は、おそらくフランスではゆるされないだろう。まして民衆にひらかれた大学となると、いまのところは夢のまた夢だろう。ならばせめて抽象的な「避難場所＝地所＝基金（Fonds）」のようなものをつくれないか。それが文学基金の構想でした。いわばイギリスに確固としてあるキャンパスのかわりに、イマジネールなキャンパスをフランスにつくろうとしたのです。

そういう意味では、マラルメの大学というのは、一九世紀末フランスで現実に復活したドイツ型の大学とはかなり趣を異にします。マラルメ的な大学がその一端でも実現するには、戦後憲法による教育の平等化をまたねばならなかった。それでもなお五月革命はおきたし、そこでめざされた理想もまた、ヴァンセンヌの挫折[*21]をへていまだ実現されずにいる。大学はあいかわらず選抜的なシステムでありつづけ、人に職業を可能にするための場をこえるものになりきれていない。そういう場としてむかしからあるグランド・ゼコールにたいして、大学はなんでも自由に学べる空間としてあるはずなのに、バカロレア取得者より大卒のほうが就職に有利だというのが大学へ行く理由とみなされたりしている。ただ学びたい、知りたい、大学における自由をあじわいたいという夢をうけとめきれずに、民衆を各種職業に割りふるためのフィルターになってしまっている。いまマクロンの大学改革のなかで、むしろそうした機能が肯定されて、フランスの大学もいよいよ日本的な方向にシフトしつつあります。

マラルメ的な大学は、**生まれる前に死んでしまっている**。そういう意味で不在の大学は持続しているといえる。

たとえばその不在を、文学がおぎなっていけるのか。文学じたい、詩句の危機などをへて、イマジネーションの機能のしかたが一八世紀、一九世紀とはあきらかにかわってしまっている。小説／詩、純文学／大衆文学などという分断もある。こうなると、国家的なものを相対化しうるものが存在しえないなかで、宗教的なものがまた復活してくる。宗教的なものと国家的なものがまじりあう。大学と文学は「**イマジネールな知**」をになうものとして、宗教と国家のあいだにあって、ガラス板のように両者をへだてる透明な障壁であるべきだと思うのですが、それが機能しえずに政教分離が破綻すれば、反

*21 一九六八年五月革命をうけて翌六九年、「積極的参加・自治・学際性」を理念にかかげ、パリ東郊のヴァンセンヌに実験大学センター（Centre Universitaire Expérimental de Vincennes）が設立された。「すべての人にひらかれた大学」をめざし、バカロレアをもたない人びとや外国人留学生への門戸開放、教員と学生の民主的対話、少人数制、新学科の開設（映画、演劇、精神分析、都市論、メディア論など）、夜間講義の実施等々、数々のあらたな試みがなされた。哲学科講師陣にはジル・ドゥルーズ、ミシェル・フーコー、ルネ・シェレール、ジャン＝フランソワ・リオタール、アラン・バディウらが顔をそろえた。しかし政府はこの実験を失敗と断じ、八〇年、パリ市長シラクの命で校舎は破壊され、パリ郊外サン＝ドゥニへの移転を余儀なくされた。現在はパリ第八大学ないしヴァンセンヌ＝サン＝ドゥニ大学とよばれ、哲学・芸術・精神分析・心理学の教育研究がおこなわれてはいるが、たんにもっともリベラルな大学のひとつにすぎず、「すべての人のまったき自由」を実現する場とはなりえていない。

知性主義やポピュリスムがはびこりだす。（すでにその兆しがあるように）国家そのものが宗教的なものに汚染されていくかもしれない。

マラルメは一〇〇年以上前に、大学が不在である状況のなかで、詩句の危機への懸念を語っていました。やがてかれのあとにプルーストやシャルル・ペギーが、第一次大戦へとなだれこんでいくフランスでものを書いていく。かれらの作品には、**大学の永遠の不在のなかで文学がにないうる役割**が、ミスティックなかたちで表現されているのではないかと思います。マラルメやゾラは、フロベールとボードレールの象徴革命をにないつつ、国家にたいして訴えるべきものをもっていたし、その表現のしかたもわかっていた。しかしそのあとにつづく知識人たちは、そういう力業をなかなかひきつげなかった。一九世紀的な土壌も枯れかけていたし、たいへん苦労した。サンボリストたちが自由詩を言挙げして、かえって詩が書けない不自由におちいったのとおなじです。かたやドレフュス派がひたすら政治《ポリティック》へとかたむいていくなかで、マラルメ＝ゾラ以降に文学をつづけていくには、プルースト＝ペギーのごとくミスティックな方向性しかなかったのかもしれない（第一次大戦はある意味、ポリティックなドレフュス派がひきおこしたようなものですし）。

この路線はその後、セリーヌなどへつながっていくのかもしれません。かれのばあい、第二次大戦のころには反ユダヤ主義を公言するようになるので、プルースト＝ペギーと同一線上で語るのはむずかしいですけれど、ミスティックの後継者ではあると思います。そしてかれやその崇拝者たち——サルトル、ボーヴォワール、ヘンリー・ミラー、そしてロラン・バルト——が活躍する二〇世紀には、文学の独自性はある意味で崩壊していく。大衆化にともない、プルースト＝ペギー的な路線は**秘教化**していく。他方でさきほどいったように、学問として一九世紀的な文学を語りなおすという方向性も出てくるわけですが。

**白石**　このかん、われわれは『ネオリベ現代生活批判序説』（大野英士との共編、新評論、初版二〇〇五年、増補二〇〇八年）などの著作をつうじて、大学無償化とベーシックインカムの必要性を訴えてきました。どちらかでも実現すれば御の字というのでなく、両方とも同時に必要で、いわば「**大学無償＝ベーシックインカム体制**」です。それにたいする反論というか攻撃として、「どっちも国家がないとできないじゃないか」というのがあった。いろいろいってるけど、けっきょく国家主義者だと。

しかし、じつのところ、このふたつがセットでたいせつなのは、**国家的なものに抗するため**なんです。表象に根ざす国家的なものにたいして、徴候に根ざす生のありかたが優位をたもつためには、このふたつがないといけない。

この「大学無償＝ベーシックインカム体制」を考えるとき、マラルメの文学基金がヒントをくれる。それにはふたつの特徴があります。まず、過去の作品（の利益）を現在の作家に環流させるという点。

そこでは過去と現在が区別されない、ある意味時間が流れていない。いっぽう国家の時間は過去から現在、未来へと線形をなして流れる。現在から過去をただしくふりかえり、来たるべき未来にむけてそなえよ、という時間性です。マラルメはそういうふうには考えていない。かれのなかでは過去と現在がくっついている。第二に、この体制にかならずしも国家に従属しなくてよい帯域――マラルメの言葉でいえば「**禁域**」――が出現する。

そもそも自由とはなにかといえば、自己原因的ってことだと思うんです。「〇〇からの自由」とか「〇〇への自由」でなく、自己原因的に自由たれと。ジュリアン・ソレルもエンマ・ボヴァリーもフレデリック・モローも、自己原因的たろうとした。そのとき、表象に根ざすことはできない。表象とはつねになにかの表象ですから。感情に根ざしたときにはじめて自己原因的でありうる。そのためには、感情を感情としてとりだす時間が流れていないといけない。ロマンの描写がになっているのは、この**自己原因的な自由**です。エンマはシャルルが田舎の医者だからいやなんじゃない、食べかたがとにかく気にいらない。うかうかと「医者の妻」になって、その表象のゆるす範囲内でしか生きられないのがくやしくてしかたない。では、自己原因的という意味での自由はどこにあるのか？　それは現在過去未来を区別せず、ある種時間がとじられていくような帯域――ロマンの帯域、大学の帯域にしかみいだせないものです。

そしてそういう帯域には、いずれ反国家的な知識人という存在が出てこざるをえない。すでに話題になりましたが、フランス語の「知識人《アンテレクチュエル》」は、ロシア語のインテリゲンツィアがもちこまれて定着したものです。一九世紀ロシアは上に皇帝《ツァーリ》、下に農奴というたいへんなヒエラルキー国家だった。いっぽうで啓蒙専制君主がよしとされ、大学は一八世紀ヨーロッパの啓蒙思想をベースにいとなまれていました。卒業すると、大学で学んだことと現実があまりにもちがうので愕然とする。一九世紀ロシアの小説には、かならずといっていいほどこの「インテリと民衆の懸隔」問題がふくまれています。なかには卒業後、過激化する者も出てくる。いわゆる「人民のなかへ《ナロードニキ》」運動、あるいはドストエフスキーのように、ある種の政治活動に入っていく人もいる。[*22] こうした日本でいうところの高等遊民というか、大学が生みだした頭でっかちのならず者、現実に根をもたずにぶらぶらしたり、つっぱしったりする人たちが、差別的にインテリゲンツィアとよばれていた。この言葉が、ちょうどドレフュス事件のさなかフランスに滞在していたチェーホフによってもちこまれ、やはり蔑称として根づき、概念として確立していったわけです。[*23]

*22 ドストエフスキーは一八四八年革命のころ、農奴制廃止・帝政打倒をめざす秘密結社（社会主義者ミハイール・ペトラシェフスキーが主宰）に参加、四九年に逮捕され死刑判決をうけるも、銃殺直前に皇帝特赦がくだり（「皇帝の寛大なる心」をしめすための狂言）、シベリア流刑に減刑された。

**社会にたいしてみずから疎外する**ことによって、自己原因的であるほかないような立場ないし場所として、文学・小説があり、大学があり、知識人がある。くりかえしになりますが、国家と文学、国家と大学のあいだには歴然とした非対称性があります。それはつきつめれば――問題ぶくみのいいかたでしょうが――、**文明の表象と自然の徴候とのあいだの非対称性**でもある。そうした非対称性を解消しようとするのでなく、むしろ**確保する必要**があるのではないか。国家の表象にのみこまれればロクなことにならないのはわかりきっている。といって、国家や文明をなくすには命がいくつあってもたりないし、なくなったと思ってもあらぬ場所ですぐ復活する。きりがない。だから国家の体制を脱構成するものとして、文学や大学のほうがつねに優位である状況をつくりだしていく。一九世紀フランスにおけるロマンの隆盛から知識人の誕生への流れも、そのひとつの例なのではないかと思います。

*23　クリストフ・シャルル／白鳥義彦訳『「知識人」の誕生 1880-1900』（藤原書店、二〇〇六年）参照。チェーホフじしんはドレフュス派だった。一八九七年秋から翌年五月まで、結核の療養のためニースに滞在していたチェーホフは、九八年一月『オーロール』紙に掲載されたゾラの「われ弾劾す」を読んで感銘をうけ、ドレフュス派支持を公言。そのために長年の友人アレクセイ・スヴォーリンと訣別してさえいる（スヴォーリンが主宰する『新時代』紙が反ドレフュス的な論陣をはっていたため）。

Cinq Centimes

ERNEST VAUGHAN

# L'AURORE

Littéraire, Artistique, Sociale

ERNEST VAUGHAN

# J'Accuse...!

## LETTRE AU PRÉSIDENT DE LA RÉPUBLIQUE

## Par ÉMILE ZOLA

LETTRE

A M. FÉLIX FAURE

Président de la République

1898 年 1 月 13 日，『オーロール』紙の
1 面にゾラの告発文「われ弾劾す」が掲載された

# Ⅳ

# 「自治」から「仮構」へ

## 大学のドリーム・ポリティクス

白石　さいごに、あらためてふりかえっておきます。一九九〇年代初頭の「大学設置基準の大綱化」から、二〇〇〇年代初頭の「国立大学法人化」をへて、こんにちの大学の窮状がもたらされている。[*1] そしてつい最近の二〇二三年一二月一三日、**「国立大学法人法改正案」**が参議院で可決されました。大学の自治は息の根をとめられる。一九七〇年代の「新構想」[*2] 以来のもくろみどおり、大学が国家や経済にすっぽりと包摂される。いわゆる「実質的包摂」とよばれる事態です。それはとうぜん、私立大学にもひろがっていくでしょう。

じっさい、岡山さんが「Ⅱ」でふれておられたように、たとえば二〇二一年には、一〇兆円規模の「大学ファンド」の運用がはじまっています。運用益は「合議体」なるものをつうじて配分されます。「合議体」は、その半数が学外者、つまり国家や経済のエージェントです。かつての「新構想」にもとづいて、冒頭にでてきた文部官僚・大﨑仁氏の主導で最初につくられたのが筑波大学でした。いまやその筑波大学では、学長が勝手に終身学長宣言をしています。おどろくべきことですが、それも学長も参加する「合議体」をつうじて、国家や経済の指令をとどこおりなく実現するためでしょう。学生や教員による「自治」が潰えて、国家や経済による包摂ないし独裁が告げられています。

とはいえ、岡山さんのおっしゃるとおり、「大学」はずっと「不在」でした。中世の大学は発生するや、教会や王権の支配下におかれる。近代の大学も、文字どおりの帝国の秩序に組みこまれていく。大学そのものは、いまだ「不在」でありつづけている。だから、すくなくとも、たしかなことがふたつあります。第一に、大学が「不在」ならば、「改革」はありえない。ないものは、改めようがないからです。まずはなにより、**いっさいの「改革」が無効である**といわなければいけないでしょう。そして第二に、国家や経済による抑圧にもかかわらず、大学が「不在」というかたちで持続しているということは、**大学への「夢」はつづいている**ということです。大学は「不在」であるからこそ、「夢」として反復されつづける。現実の「帝国的社会」にたいする**ドリーム・ポリティクス**といってもいい。デリダの「条件なき大学」も、ランシエールの「文学の政治」も、そうした「大学の不在」における「夢」について語っているのだと思います。

## 歓待の野原

**岡山**　中世における草創以来、八〇〇年余にわたって、大学とは不在のなかで夢みられつづけてきたものだった。いまお話にあったような「大学自治の終焉」といった現実を相対化して考えるときに

＊1　一九八四年に設置された臨時教育審議会の提言にもとづき、九一年に「大学設置基準の大綱化」がなされ、各種規制がいっせいに緩和された。以後、「大学改革」の名のもとに「情報」「環境」「国際」「地域」「総合」「政策」といった言葉を組みあわせた「学際的」学部が乱立し、それとひきかえに従来の一般教育科目が大幅に削減されていった。その後二〇〇四年には、前年に制定された国立大学法人法により全国の国立大学の法人化がはじまった。その含意は要は、「税金を原資とする運営費交付金（参考：二〇二二年度は八六法人に計一兆六七五億円が交付された）が欲しければ、大学という会社をうまく経営して競争にうちかて」という指令である。以後、国立大学は数年ごとの中期目標・中期計画の提示を義務づけられ、文科省がそれを却下すれば交付金減額や民営化ないし廃止さえも可能となった。法人化と軌を一にして、「経営合理化」の名のもと、英語以外の第二外国語の単位数縮小や科目じたいの削減といった悪政がすすみもした。さらに二〇〇九年には閣議決定によって「独立行政法人の聖域なき改革」が謳われ、国立大学法人も見直しの対象となり、交付金の定率削減（現在は毎年一％ずつ削減されるにいたっている）や文科大臣の運営への恣意的介入が常態化していった。これはひとり国立大のみの問題ではありえなかった。大学全般を市場原理にゆだねようとする白色テロにたいして、かろうじて砦の役割をはたしていた国立大をカネでしばることで、大学や高等教育の概念そのものがついに完全に包摂＝商品化されはじめたのである。

＊2　一九六〇年代の大学紛争をつうじて、大学全般の「国家に抗する社会」化に危機感をいだいた日本政府は、七〇年代に入ると国立大学の再包摂をもくろんだ。「強大になりすぎた教授会の権限を減らし、トップダウンによる迅速な意思決定をおこなう」「講座制による教育・研究のタコツボ化をふせぐ」という名目のもと、教育と研究の組織上の区分け、学長権限の強化、学外者からなる参与会の設置などを特徴とする国立大学がつぎつぎとつくられた。この「新構想」にもとづいて一九七三年に設立された初の総合大学が筑波大学である。

も、こうした不在の大学、大学の本来的な不在性というものを、なんどでも思いかえしてみることが必要でしょう。

すでにお話ししたように、近代以降の大学が「帝国的社会」にたいする批判的機能をうしなってゆくなかで、文学の側から対抗的な動きが生じてきます。ボードレール、フロベール、クールベ、マネのような〈アウクトール〉（Auctor 世界を書きかえる特異な「著者」）は、一九世紀第二帝政下のフランスで抵抗をつづけました。かれらの作品はそれじたいスキャンダルとなり、民衆を自由へとむけて感化します（「象徴革命」）。しかし、現実にパリ・コミューンという「革命」がおきて、それが容赦なく弾圧されると、コミューン派として闘ったクールベはスイスに亡命し、ランボーとヴェルレーヌもイギリスへと逃れざるをえなくなる。それでも、一九世紀に文学という土地ではぐくまれた「不在の大学」の夢は、そののちも生きつづけて、ふたつの世界大戦後にようやく大学無償化や戦争放棄としてかたちをなした。その底流には、大学あるいは文学（の批判性）がどうすれば「帝国的社会」をつきくずせるか、あるいは脱構築できるかという問いが、つねに横たわっていたのではないかと思います。

いつの世の、どの地にあろうと、大学は知の果実を食べてエデンの園を追われた者たちを歓待してきました。そもそも大学とはその中世における発端からして、パリやボローニャにやってきた「よそ者」が協力して創った自由のための空間だった。ただし、そこに入るには契約や誓約ができる男性でなければならなかったし、規律にしたがわなければ追放されました。ユマニストは放浪し、ルネサンスを興し、宗教戦争をへて近代が立ちあがるのを見るけれども、大学はフランスでは革命のときにつぶされ、近代になるとナポレオンによって「帝国大学」へと組みかえられる。その時点で、自治や学問の自由は、夢あるいは理念にすぎなくなってしまった。

「アナキスト人類学者」デヴィッド・グレーバーの遺作『万物の黎明』によれば、人類はながらく三つの自由を享受してきた。第一に、好きなときに好きな場所へ移動・移住する自由。第二に、だれからも束縛されない、命令をきかなくてよい自由。第三に、現今のシステムややりかたがだめだと思ったら、いつでもアレンジしなおすことのできる自由です。第一の自由には、そこにいつづけたければとどまれる自由や、よそからきた人を快くうけいれ、もてなす歓待の自由もふくまれるでしょう。[*3] 第二の自由はいうまでもなく、いっさいの支配やヒエラルキーをみとめない、アナーキスティックな生の根幹をなすものです。そして第三の自由は、いまおこなわれている支配をひっくりかえす革命の自由でもある。近代以降の「帝国的社会」はつねに、これら三つの自由を徹底して抑圧してきました。同化をこばむ「よそ者」は排除され、人があつまる場所（都市）は自然を侵食しながらひろがってゆく。そこでは、いざ奪いあいがおこれば強い者が正当化される。それがいまもつづいている以上、夢や理念はいかにも無力にみえます。

しかし、マラルメが提示した「文学基金」やシャルル・ペギーのいう「慈愛《シャリテ》」は、たんなる夢や理念ではありません。それは**イマジネールな「キャンパス」**なのだと思います。キャンパス（campus）の語源は**野原**（champ）だといいます。野原＝キャンパスにたたずみ、地平線にしずむ夕陽をながめる。そして日没という自然の神秘、地球と太陽の婚姻劇を、どんな言葉に翻訳しうるかを考える。そこでは、いつでも歓待あるいは慈愛が生きられている。そのようなイマジネールな「大学／文学」のキャンパスを、「帝国的社会」のなかにあってなお、どのように保持しうるのか。たとえばコレクティフ・アシッドのとなえる「普遍的自律支援手当＝学生年金」があれば、老いてもなお若くあるための日々の「反復」を生きられます。人間らしく暮らしながら、日没の火に燃えあがる地平線で火刑に処されるジャンヌ・ダルクや、日輪に浮かびあがるヨハネの首を想うこともゆるされる。それはキリストの無償の愛、ジャンヌの自己犠牲、ベルナール・ラザール（最初のドレフュス派）のミスティシズムという、歴史を超える「反復」とつながっています。

**白石**　中世の大学は、教会の支配という帝国にたいする「不在」としてはたらいていました。そこにも「夢」がともなっていたのでしょう。一九世紀のドイツ帝国でも、この中世の大学をモデルとした大学が復興されますが、おなじ「不在」の「夢」が反復されます。だからルネサンスといってもいい。「不在」の古代をよみがえらせるように、「不在」の大学が「夢」としてくりかえし立ちあらわれる。「ルネサンス」という概念じたい、再生されたドイツの大学で歴史を講じていたブルクハルトを中心にねりあげられたものですが、かれがニーチェの親友だったことも想いおこしておきたい。中世のゴリアールのように、ニーチェはヨーロッパを放浪しながら帝国の秩序を指弾しつづけました。大学の「不在」において、その「夢」は「永遠回帰」するかのようです。

また帝国のフランスでは、大学は文字どおり不在でした。「帝国的社会」とは、紐づけにもとづく植民にほかなりません。そして帝国期に整備された学校こそ、その紐づけをになうものです。くりかえしますが、学校と大学は区別されなければならない。学校では、既存の知識の獲得がめざされる。

＊3　遠方の地で歓待されることがわかっているうえで、みずからの共同体を放棄する自由、季節に応じて社会構造のあいだを往復する自由、報復をおそれず権威に屈従しない自由。たとえ現在ではほとんど考えることもできないにしても、わたしたちの遠い祖先にとって、これらはすべて自明であったようだ。〔…〕本当に謎であるのは、首長や王、あるいは王妃がいつ登場したかではない。かれらを笑い飛ばすことができなくなったのはいつなのか、なのだ。（デヴィッド・グレーバー、デヴィッド・ウェングロウ／酒井隆史訳『万物の黎明――人類史を根本からくつがえす』光文社、二〇二三年、一四九・五〇頁）

「文明」という言葉は、ラテン語の civilis に由来しているが、これは実際には自発的連合による組織化を可能にする政治的知恵や相互扶助の特性を意味している。いいかえれば、文明とは本来、インカの廷臣や殷の王朝ではなく、アンデスのアイリュ連合やバスクの村落が示すような種類の特性を意味していたのである。相互扶助、社会的協働、市民的活動、歓待（ホスピタリティ）、あるいはたんに他者へのケアリングなどが真に文明を形成しているのだとすれば、本当の意味での文明史の叙述は、いまはじまったばかりなのである。（同、四九二頁）

テストが組織する制度のなかで、あらかじめさだめられている正解にたどりつく。これが人生のすべてだと教えこまれる。それにたいして、大学はこうした学校のくびきを罷免する。正解への紐づけがなされるのではなく、無数の問いとともに、別様の知性や感性が生きられる。ナポレオン以後、帝国の学校がゆきわたるフランスでは、こうした大学そのものの原理は、なかば文字どおり「不在」とならざるをえなかったのでしょう。

## 「文学の政治」の可能性

**白石**　デリダの『条件なき大学』が、国立大学法人化と同時期（二〇〇一年、もとになった講演は一九九八年）に発表されているのも偶然とは思えません（邦訳は西山雄二訳、月曜社、二〇〇八年）。グローバリゼーションという、惑星規模の紐づけへの圧力――それは学校化への圧力でもあるでしょう――のもとで、あらためて「条件なき大学」、つまり既存の紐づけを解除ないし罷免するようなものとしての大学が語られなければならなかった。岡山さんの「不在の大学論」も、そうしたデリダの議論とひびきあっています。「不在」とは、「条件」の不在でもあるはずです。そしてそれは大学の無償性でもある。『条件なき大学』を注意深く読めば、デリダが中世における大学の発生をふまえつつ、一九世紀の「帝国的社会」における大学への抑圧といった経緯を熟知したうえで語っていることがわかります。

**岡山**　**『条件なき大学』**は、まさしくさきほどお話ししたような、大学がほんらいになうべき批判的機能（デリダの言葉でいえば「応答責任という職責＝使命」）をめぐる、かれのある種の信仰告白のような本です。大学はなぜ「帝国的社会」にたいする批判性を捨ててしまったのか。もしいまだ大学がそうした役割をにないうるとしたら、その根拠はどこにもとめるべきなのか。そうした議論を、哲学によってではなく、文学によって基礎づけようとしたものだといえると思います。

じっさい、デリダはあの本で、**「あたらしい人文学」**の中心に文学をすえています。すでにお話ししたように、一九世紀初頭に哲学を中心に復興されたドイツの「近代的大学」は、最終的には「帝国的社会」の形成と維持に貢献するシステムの一部と化してしまう。その意味でデリダの議論は、フランスに出現した**「文学という不在の大学」**に、より親和的なものかもしれません。

デリダは哲学者として、文学を哲学的にとらえなおし、それを大学の基盤とするわけですが、それはマラルメの「イマジネールな大学」を哲学の言葉で語りなおすことでもありました。あるいはランシエールが語る**「文学の政治」**も、おそらく「条件なき大学」の延長線上にあるでしょう。一九世紀の中ごろ、フロベールやマラルメによって文学のエクリチュールがかつての世界を転覆させた（「エクリチュールの民主主義」の成立)。ランシエールはそれを「**文学革命**」とよびます。だからランシエールのいう「文学の政治」とは、個々の作家の政治的活動とか、特定の作品の政治性などではまったくない。それは書かれたもの《エクリチュール》としての文学をつうじて、それまで言葉をもたなかったデモス(学生、知識人、女性、民衆)が公の場に出てきて語りだす、いまある分割=分配のしくみに異議申し立てを開始することをさしています。感性的なもの、美学的なものが分けもたれることで、政党とか社会階層に還元しえない政治の次元がひらかれる。かれはそれを、「文学は文学として、空間と時間、見えるものと見えないもの、言葉と雑音の切り分けに介入する」と表現する(森本淳生訳『文学の政治』水声社、二〇一三年)。エンマ・ボヴァリーを民衆=人民のひとつの形象として描くことで、その解放を希求したフロベールを想起させます。

デモクラシーを語るとき、ランシエールはとうぜん「**デモスとしての学生**」という存在を意識しているし、それはデリダにもおそらく共通している。戦後民主主義の発達に寄与した学生の力能を肯定的にとらえる視座がふたりにはある。憲法で無償性が保障されたとしても、それを現実に具体化させるには学生たちの運動が不可欠だったし、その空気は現代のフランスにも確実に残っている。これもフランスにおける「不在の大学」の歴史の一部といえるでしょう。

マラルメの「文学基金」の提言も、一三〇年たってはじめて、コレクティフ・アシッドの「学生年金」

のようなものとして、実現する可能性が萌しはじめている。フランスの「不在の大学」という土地《ファンド》で学んだ元学生たち（教員であるアシッドのメンバーはみな「現実の大学」にかよった元学生でもあるでしょうが）によって、**無償で無条件の大学という夢**が現実化しようとしている。もちろんかれらも、フランス政府なりEUなりが学生年金の提案をうけいれると素朴に信じているわけではありません。大学を潜在的に動かす力に賭けるというか、実現可能性はかぎりなくゼロに近いかもしれないけれど、それでも**夢を夢として語らなければならない**と考えてやっている。それこそがランシエールのいう「文学の政治」――ききいれられるか否かにかかわらず、異議を申し立てる――でもあるのだと思います。日本にもそうした「文学の政治」の可能性は潜在しているし、それを掘りおこしていかなければならない。

## 「自治というフィクション」から「大学という仮構」へ

**白石**　岡山さんは、そのランシエールの『文学の政治』を書評されています（『図書新聞』二〇二三年一一月二五日）。そのなかで、ランシエールの「文学革命」がブルデューの「象徴革命」とかさねあわされている。

岡山さんの書評によれば、ランシエールはフロベールの「革命」をこう評している。「高貴な主題と下賤な主題、語りと描写、前景と背景、人間と物との間のあらゆるヒエラルキーを消し去った」。「帝国的社会」では、人民は人民の言葉をしゃべり、ブルジョワジーはブルジョワジーの言葉をしゃべる。言葉そのものが階級に厳密に紐づけられている。そこから「あらゆるヒエラルキー」が正当化されるわけですが、だからこそその体制は「小説」をつうじてつきくずされなければならなかった。それが一九世紀にもたらされた「文学革命」ないし「象徴革命」ということですね。

くりかえしますが、たとえば一九世紀のおわりには、ドレフュス事件がおきます。そこで「知識人《アンテレクチュエル》」が誕生する。かれらはいっさいのヒエラルキーをしりぞけつつ、ユダヤ人将校ドレフュスの冤罪を訴えました。「知識人」とは、大学を出ただけの者たちだという揶揄――「知識」があるだけで、「帝国的社会」の現実を知らない――をふくんだ呼称でしたが、まさに大学の申し子であるかれらによって、ユダヤ人ならば裏切り者だろう、あるいは裏切り者でなければならないという「帝国的社会」の紐づけが断ち切られる。ドレフュス事件の「知識人」たちにおいて、大学が「不在」であるからこそ、その「夢」が**無償の正義**として反復されているのだと思います。プルーストがドレフュス事件の公判を熱心に傍聴していたことも、忘れてはならないでしょう。その『失われた時を求めて』にも、フロベールと同様の「革命」がみいだされるはずです。

いずれにせよ、「帝国的社会」が抑圧したものは、「小説」や大学として回帰してきます。その「夢」

において「文学革命」や「象徴革命」が生じる。だから「小説」も大学も、**たんなる「虚構《フィクション》」とはいえない。**フィクションは、社会から切り離された状態をつくりだします。その内部に紐づけをはりめぐらせて、自律的に閉じていく。じっさい「大学の自治」とよばれてきたものも、そうしたフィクションにつうじる面があったのでしょう。それにたいして、「小説」や大学は自己完結をめざすのではない。フィクションのように「不在」ではあるものの、ドレフュス事件の「知識人」をもたらすような、紐づけられない実在にむきあうことから生じる「**仮構《ファビュラシオン》(fabulation)**」のいとなみです。もはや自治のフィクションではなく、大学のファビュラシオンを考えていく必要がある。岡山さんの言葉でいえば「イマジネールな大学」でしょうか? それなしには、こんにちの窮状について、いかなる見通しも立たないのだと思います。

## ファビュラシオンは、すでにはじまっている

**岡山**　しかし「学生年金」はきわめて具体的な提言だし、時機はすでに到来しているともいえます。「虚構としての大学自治」あるいは「仮構としてのイマジネールな大学」だけではなくて、学生年金もまた現時点で語るべき社会契約のひとつなのだと思います。そのとき、「不在の大学」もまた、あ

らためて想起すべき意味をおびることになるでしょう。

**白石**　虚構《フィクション》と仮構《ファビュラシオン》のちがいをもうすこし整理します。フィクションはロジカルです。演繹と帰納がとどこおりなく循環する。演繹は理念からおりてくる。帰納はデータから理念へいたる。この循環のなかで、フィクションは自律しながら閉じようとする。たとえばドラマや映画といったフィクションでは、伏線はかならず回収されなければならない。個々のデータとしてのディテールは、ストーリーという理念に紐づけされる。よくできた作品として自己完結しようとします。

同様のことは、大学の自治についてもいえる側面があったはずです。国家や経済の圧力にたいして、大学はみずからの自律性によって対抗しようとしたのでしょう。だから学生も教員も、それぞれの本分にはげむ。学生はきちんと出席し、教員も専門性を高めていく。大学というストーリーに紐づけられたディテールになろうとする。自律性の高いフィクションに封じこめられていく。そこではたらいているのは、いわば大学のアイデンティティ・ポリティクスとよべるような機制です。ところで、こうした自治のありようは、じつのところ国家や経済には好都合です。たとえば商品も自己完結した作品であり、自律的なフィクションにほかなりません。だから**自治も商品として包摂されてしまう**。あるいは売れ残りが廃棄されるように、**無害なものとして処分される**。自治のフィクションは、あらかじめ敗北が運命づけられています。

もちろん、大学の自治そのものが無意味だといっているわけではありません。たとえば、京都大学吉田寮の自治は支持されなければならない。[*4] なぜなら、そこではなにより「寮」が問われているからです。「II」で岡山さんのお話にあったとおり、「寮＝コレージュ」は大学の起源のひとつです。吉田寮の寮生たちのふるまいは、大学がみずからの発生を反復しているかのようです。

おなじことは、東北大学の以文寮についてもいえるのかもしれません。去年（二〇二三年）の秋、その寮生たちがかかわる学祭のイベントに、『奨学金なんかこわくない！』（新評論、二〇二〇年）の著者である栗原康さんといっしょにまねかれました。大学の無償化をめぐる討論会です。登壇した学生たちの議論じたい、まさにランシエールなどをふまえた、ひじょうに質の高いものでしたが、イベントをひらくことになった経緯も興味深かった。コロナで大学の授業がオンラインになる。それでも学生たちは、交流をもとめて寮にたむろし、大学そのものについて考えるようになる。他大学の学生との交流も生じて、学祭のイベントへとつながっていく。そんな経緯です。栗原さんの人気もあるので

*4　吉田寮のうち一九一三年に建てられた築一〇〇年の建物について、京大当局は老朽化を理由に四〇人の寮生たちに明け渡しをもとめ、二〇一九年に訴訟をおこした。五年の裁判闘争をへて二〇二四年二月、京都地裁は「寮自治会と大学との契約の継続性」を根拠に、一部の寮生（一四人）については明け渡しの義務はないとして大学側の訴えをしりぞけた。

しょうが、当日の会場も盛況でした。もう一五年以上まえになるでしょうか、同様のイベントを北海道大学や早稲田大学でやったときは、二、三人しか聴衆がいなかった（笑）ことを思えば、隔世の感があります。

吉田寮や以文寮でおきていること――「だめライフ愛好会」[*5]などもふくめて、ほかにも無数の動きがあるのでしょうが――が、自治のアイデンティティ・ポリティクスにとどまりえないことはたしかでしょう。大学の発生が反復されている。そしてすくなくとも、別様のアレンジメントのもとであたらしい言葉がつむがれようとしている。大学当局はこうした動きを既存の制度に紐づけようとやっきになっているのでしょうが、「寮」という生のスタイルのなかで学生たちがむきあっているのは、中世の学生と同様の、あらかじめ紐づけられることのないもろもろの徴候であるはずです。身づくろいをする、食事をする、友人に声をかける、話に耳をかたむける、ひとりでぼんやりする、掃除し建物の補修をする。こうした**ひとつながりのケアでありプレイでもあるような身ぶり**があり、そこから大学という問いが立ちあがってくる。問われているのは、たんなる自治のフィクションではありません。ファビュラシオンの自由です。

大学のファビュラシオンを語り、**自律と自由のあいだにくさびを打ちこまなければならない**のでしょう。われわれがファビュラシオンを語り、そのなかに国家や経済を封じこめる。だから無償化はもとより、コレクティフ・アシッドの「学生年金」もフィクションではなく、ドゥルーズとガタリも『哲学とは何か』でちょっとふれているような意味でのファビュラシオンというべきなのでしょう。[*6] それは演繹と帰納からくるものではありません。**「アブダクション」**から生じる。アブダクションとは、「仮説形成」とも訳されますが、もともとパースの記号学の用語です。かれが中世ヨーロッパにおける唯名論と実在論の論争に関心をよせていたのも、偶然ではないでしょう。唯名論においては、すべてのものが紐づけられる。この体制のなかで、演繹と帰納が循環する自律的なフィクションも可能になり

＊5　作家の雨宮処凛によれば、「だめライフ愛好会」は二〇二二年一一月に中央大学ではじめて発足して以来、燎原の火のごとくひろがり、二〇二三年七月時点で全国二二の大学で結成されている。きっかけは中大のある学生が、ゼミで自身の「だらしなさ」について、「きわめて学校的で管理的な鬱陶しい」糾弾をされたことだった（「雨宮処凛が行く！」第六四五回、『マガジン9』二〇二三年八月九日、傍点引用者）。いまや高校生や社会人の「だめライフ愛好会」もできはじめているらしい。なお、その無意識的源流ともいえる「だめ連」の「交流と活動」については、神長恒一・ぺぺ長谷川『だめ連の資本主義よりたのしく生きる』（現代書館、二〇二四年）を参照。

＊6　《形像（フィギュール）》はベルクソンにおける仮構（ファビュラシオン）のようなものである。形像〔前兆〕は或る宗教的起源をもっているのだ。しかし、形像が美的＝感性的形像に生成すると、その感性的超越は、諸宗教における超感性的な超越に対して、暗黙にあるいは公然と対立するようになる。（ジル・ドゥルーズ、フェリックス・ガタリ／財津理訳『哲学とは何か』河出文庫、二〇一二年、三二六頁）ドゥルーズ＝ガタリの「仮構」概念については、宇野邦一『非有機的生』をめぐる連続セミナー第三回（二〇二三年九月二四日於ＳＨＹ）での小林成彬の報告「副言的叙事詩のために」からヒントをえた。

ます。それにたいして、パースによれば、実在論がむきあうのは徴候です。徴候は紐づけを欠いています。**無限に解釈することができる。**中世の実在論者たちは、その無限に普遍がやどると考えましたが、すくなくともわれわれが徴候のなかに投げだされていることはたしかでしょう。それがわれわれの「自然」であるともいえる。草むらがゆれる。獲物なのか？　風がそよいでいるだけなのか？　かつてのわれわれは、徴候にたいするアブダクションの反復を生きていたはずです。フロベールやプルーストの「描写」としての「小説」についても、おなじことがいえるでしょう。こんにちの**ケア**についても同様です。アブダクションがくりかえされる。その無限の遊戯でもあるようないとなみから、いわば「夢」としてのファビュラシオンが生じる。事後的に、演繹や帰納もはたらきます。演繹と帰納だけからなるフィクションは、アブダクションの実在を欠いた形骸にすぎません。

　国家や経済は演繹と帰納だけでうごいています。だからフィクションです。すくなくともアブダクションもなければ、ファビュラシオンが生じる余地もない。徴候はむきあうべきものではなく、紐づけできないものとしてしりぞけられます。だが、そうやって抑圧されたものは、「夢」として回帰しつづけます。それが「不在」でありつづけた「夢」としての大学なのだと思います。賭けられているのは、徴候にたいするアブダクションであり、ファビュラシオンです。**無限の普遍がやどる実在**であり、われわれが生きる**「文学」の自然**といってもいい。自律の廃墟を、ファビュラシオンの自由の風がふきぬける。国家や経済があるから大学があるのではないでしょう。国家や経済のフィクションは、アブダクションから生じる大学のファビュラシオンのいとなみに包摂されるはずのものです。ケアにもとづく福祉が、国家や経済のロジックなしに成立するのとおなじです。あるいはドメスティック・バイオレンスの被害者が、加害者なしに生きていけるのとおなじといえば、いいすぎでしょうか?

# V 資料

『大学事典』から――

## 学費無償化

大学の学費無償化の政策は、国際連合の「経済的、社会的及び文化的権利に関する国際規約（社会権規約、A規約）」一三条二項c「高等教育は、すべての適当な方法により、特に、無償教育の漸進的な導入により、能力に応じ、すべての者に対して均等に機会が与えられるものとすること」にもとづく。日本政府は一九七九年の同規約の批准以来、上記cの「特に、無償教育の漸進的な導入により」という文言については、国連からの勧告にもかかわらず留保を続けていたが、二〇一二年九月一一日に留保の撤回を国連事務総長に通告した。

こうした大学の学費ないし授業料の無償化の背景には、一九九八年に採択されたユネスコの「二一世紀に向けての高等教育世界宣言」でもうたわれているように、サービス業を中心とした知識基盤社会における、高等教育への「公的なアクセス」に対する欲求の増大があるだろう。二〇一四年の時点ではフランス、ポーランド、チェコ、スロヴァキア、ハンガリー、ルクセンブルグ、ギリシャ、スウェーデン、デンマーク、ノルウェー、フィンランド、アイルランド、アルゼンチン、チリ、ブラジル、スリランカ、エジプトなどの大学の授業料が無償であり、それ以外の国でもおおむね年10万円前後である。日本、韓国、アメリカ合衆国などの高額な授業料は例外的な範疇に属する。

しかしながら、大学の無償化を知識基盤社会との対応だけから展望することは二重の意味でまちがっている。まずなにより、製造業を中心とするフォーディズム体制の飽和にともなって、一九七〇年代以後の資本の蓄積は、金融が主導する非物質的な労働に準拠するようになった。知識基盤社会の出現もそうした資本の蓄積体制の変容の結果であり、そこでは大学もサービス業として経済的な単位に組み込まれる。たとえば、今日の監視カメラは、われわれの非物質的な身振りやイメージを捕獲し、資本に転換する装置である（おそらくそれはサービス業でもあるのだろう）。同様に大学も、われわれが表現する認識や感情を資本に転換する捕獲装置となる。そのことは金融資本の支配の強度にほぼ比例するかたちで、高額な授業料が徴収されていることからもあきらかだろう。

そして第二に、大学そのものは、知識基盤社会のみならず、いかなる社会的ないし経済的なロジックともなじまない。社会や経済は交換によって成り立つ。交換とは、なにかを失ってなにかを得ることである。だが、教員が大学で語るとき、みずからの認識や感情を失うわけではない。学生も同様である。大学に授業料が課されるならば、それは「擬制商品」（カール・ポランニー）をつくりだしているに過ぎない。大学での認識や感情は摩滅しないし、商品のように売買することもできない。多くの大学論で、ヨーロッパ中世の学生の「ときは去りぬ／されどわれはなにごともなさざりき」という詩句が繰り返し喚起されるのも偶然ではないだろう。交換のロジックに拘束される社会や経済のただなかで、大学は無為の共同性として立ち現れるのであり、その営為は無償であるほかない性質を帯びる。

今日、先進諸国では大学の進学率は五〇%を超える。問わなければならないのは、交換のロジックとは無縁の共同性に対するわれわれの欲望である。その意味で、大学と学校とは区別されなければならない。学校は社会に組み込まれている。学校で教授されることは、社会にとって有用なことである。それはアテネのアカデメイア以来変わらない。プラトンにとってよく生きることとは、ポリスのために生きることだった。それに対して、一二世紀のヨーロッパで発生した大学は、都市住民にとってはなかば反社会的な存在であり、当時の社会に有用な知識を伝授する神学や法律の専門学校とは緊張をはらんだ関係にあった。

今日の大学は、こうした中世の大学を想起しつつ構想された一九世紀のベルリン大学を祖型としている。一九七〇年代以後、われわれの大学への欲望が亢進し続けているとすれば、賭けられているのは、もはや社会的でもなければ経済的でもない、そしておそらく垂直的な交換のロジックを体現する国家にも拘束されないような大学における生のイメージの肯定である。国連社会権規約の無償化条項もその表現の一つだろう。もちろん反動はあるだろうが、二一世紀になって学費無償化の名のもとで頻発する大規模な大学ストライキは、なによりわれわれの大学への欲望の深さと広がりを示している。


(白石嘉治)

# 契約と大学

**▼契約と誓約**　一二世紀イタリアの都市国家は契約社会であったといわれる。法学が盛んなボローニャでは、ヨーロッパ各地からやってくる学生も公証人を介して教師と教授契約を交わした。「教師の側は、学生に教授内容を含めて何を与えるかを明記し、それに対して学生の側はいくらの報酬を払うかを明言した」（児玉［二〇〇七］）。身寄りのない学生とよそ者を受け入れる教師は、そのようにして互いが信用できる者であることを証明しなければならなかった。しかし教師が自らの家に何人もの学生を住まわせ、彼らを家族のような絆で庇護するようになると、ソキエタスと呼ばれる私的な団体が成立する。また一二世紀末には出身地ごとに集まった学生がナチオ（同郷団）を形成し、教師と集団で交渉するようになる。このナチオはすでに会費や代表選出などについても独自の規約をもつ法人であった。そして複数のナチオによって構成されるウニヴェルシタス（大学団）は、もはや同朋の互助組織ではなく学生という普遍的な存在のための法人であった。法人としてのウニヴェルシタスは個人としての教師を契約によって雇うようになるだろう。

同じころ北フランス地方では、弁証法や神学を学ぼうとするピエール・アベラールのような学生がよき教師を求めてさまよっていた。アベラールは弁証法という「武器」をもって神学に挑み、教師ともたびたび衝突する学生だった。彼は教師となってからも孤独な騎士のようにふるまい、教皇や聖ベルナール（教会政治の最有力者で最大の論敵でもあった）に斥けられて失意の晩年を過ごしている。しかしこのアベラールを慕うリベラルアーツの教師たちによって、パリ大学は立ち上げられる。彼らが教皇から規約を授けられ、学生とともに「パリの教師と学生のウニヴェルシタス」を結成するのは一二一五年のことだった。

ボローニャでもパリでも、当初学生は教師と個人的に契約を結んでいる。知を契約の対象とすることは、教えることで金を稼ぐソフィストを批判したプラトンや、知を神からの賜物とみなすキリスト教には反することであったかもしれない。もとより目には見えない知を対象とするこの契約は、当事者間に軋轢や紛争を生じさせた。ナチオやウニヴェルシタスはそのなかで個人が連帯し、より有利な立場で交渉するために創られたものである。しかしこれらの法人がひとたび成立すると、それに参加するときの誓約《プロフェッシオン》がより大きな意味をもつようになる。きびしい規律に貫かれたその共同体においては、地方の僧院で生き永らえていたプラトン以来の「知への愛」や、教育の無償性（贈与としての教育）のイデアもよみがえる。

ところが大学が制度として整ってゆくに従い、また領主や教会や都市によって創られる大学が増えるにつれ、この誓約の精神も失われてゆくのである。一四世紀のボローニャでは、教会からは聖職禄をもらい都市からは給与をもらうようになった教師が貴族化している。するとそういう教師におもねる学生も現れ、教師と学生の関係は逆転している。パリのリベラルアーツの教師たちは聖職者でもあったため、教えることで金を稼ぐことは禁じられていたはずだが、アベラールのころから学生の「謝礼」はもらっていた（さもなければ自分の学校を立ち上げることはできなかった）。「貧困学生」はそれを免除されたにしても、そのことゆえの不利益あるいはハラスメントを被ることはあったかもしれない。学費や寮費の制度はそうした「不透明」な習慣に断絶をもたらすために導入される。しかしそれが定着するにともない、契約や誓約のきびしい掟も形骸化するのである。

**▼社会契約**

近代になると、大学に疑問を抱いていたホッブズ、ロック、ルソー、カントらによって「社会契約」が語られるようになる。そしてそのなかで大学も近代にふさわしく脱構築される。社会契約においては、個人と国家が契約によってじかに結ばれるため、中間団体（法人、コルポラシオン、組合）としての大学はそこから排除された。しかし中世の大学が教師と学生の契約から生まれたように、近代の大学も社会契約から誕生している。カントはそのような中世と近代のパラレリスムのなかで、新たな大学、そして新たな国際社会を構想した。

中世から大憲章《マグナ・カルタ》があったイギリスでは、オックスフォード大学とケンブリッジ大学がそのまま存続している（しかし一八世紀にはそれらも貴族や上級ブルジョワジーに占領されてしまう）。フランスでは大革命のときに国内にあったすべての大学が廃止され、その代わりにエコール・スペシアル（のちのグランド・ゼコール）が立ち上げられる。ナポレオンは「ユニヴェルシテ・アンペリアル」（帝国大学）を唯一の法人《コルポラシオン》として認めるが、国家によってきびしく管理されるそのシステムは、他のヨーロッパ諸国からは大学の否定とみなされた。

ドイツではルソーの影響を受けたカントが、革命によらない社会契約の成就を模索しつつ、契約を啓蒙と結びつけている。「私は言おう、人類がこれからの啓蒙にあずかることを永久に阻止するために結ばれるような契約はぜったいに無効である、よしんばその契約が最高権力により、国家により、また極めて厳粛に締結された平和条約によって確認せられようとも、それが無効であることに変わりはない、と」（『啓蒙とは何か』）。大学はそうした人類の啓蒙のために必要な組織である。それは国家（および国民）に奉仕する法、医、神という三つの上級学部と、国家から独立して自由に真理を探究しうる哲学部という下級学部が、互いに牽制しあうことによって存立する法人であった。ベルリン大学の第四代総長となるヘーゲルも、「ジャコバン独裁による恐怖政治へと顚落したフランス革命に対する反省から」（大河内［二〇一三］）、個人と国家の間にそうした中間団体としての大学が必要であることを認めている。近代の大学とは、「古い特権団体の解体の上に成立したはずの近代国家が必要としたコルポラツィオン」（同上）なのである。

しかしフンボルトの「ビルドゥング」（自己形成・教養）はナポレオンへの抵抗のなかで、カントのいう啓蒙よりもドイツ国民のアイデンティティを重視するものとなった。ベルリン大学の教師たちは学生から授業料を徴取するほかに、プロイセン王国官僚として給与をもらっていた。学生も中世の大学のように「ナチオ」を形成するのではなく、「ブルシェンシャフト」のような学生団体を創って、旧体制からの解放とドイツの統一をめざしていた。

　普仏戦争に敗れたフランスは、ドイツにならってようやく一八九六年に法人格をもつ大学を復活させている（総合大学設置法）。この大学は独自に授業料を設定することも、個人や法人から遺贈や寄付を受けることもできた。しかしパリ以外の都市では規模も限られ、メセナの恩恵にあずかることもまれだった。また能力・業績主義《メリトクラシー》が機能するためには機会の平等が保たれねばならないが、中等教育の無償化が実現するのは一九三〇年代、大学も含めたすべてのレヴェルで教育の無償性が保障されるのは、第二次世界大戦後のことにすぎない。

　イングランドではフランスやドイツと異なり、オックスフォード大学とケンブリッジ大学が一九世紀に至っても国王勅許の学位授与権を独占し、豊かな土地資産によってその自治を維持していた。しかしそれらの大学も、第一次世界大戦のころになるとインフレのせいで収入が激減し、国に助けを求めざるをえなくなる。一九一九年には「大学補助金委員会」が創られ、公的資金の分配を担うようになるが、それでもそれらの大学の自治はあいかわらず尊重された。イギリスが高等教育の社会的開放において他の先進国よりも「遅れている」のを自覚するのは、第二次世界大戦後のことである。

### ▼契約政策ほか

　そのイギリスで、一九八〇年代からサッチャー首相のもと、新たな国家と大学の関係が模索されるようになる。大学は一個の「行為主体《エイジェンシー》」として自治を認められるが、相互評価《ピア・レビュー》による研究や教育の査定によって公的資金の配分を受けねばならない。伝統的な大学への多額の公的資金の配分を正当化するためにも、そうした「契約関係の擬制」（大崎［二〇〇二］）が必要とされた。

フランスでも一九八六年にＣＮＥ（全国大学評価委員会）が創設されている。国家から自立したこの独立行政機関による大学評価は、大学への公的資金の配分には用いられなかった。しかし一九八九年に国民教育省は「契約政策」を始めている。これは政府が大学に対して、通常の予算のほかに大学が自由に使える補助的予算を「四年契約」で与えるというものだった。それを望む大学は自らの現状を分析して発展のための計画を立て、国に提出する。国との間に合意が成立すれば、補助的予算（当初は全予算の五％ほどであった）を獲得できた。しかし四年契約（現在では五年）が終了するときには計画の達成度が評価され、その結果が次期の契約に影響した。

大学の自治を尊重しながら補助的な予算を与えるというこの政策は、大学側からの反発を呼ぶことなく導入されている。しかしその効果は予想を超えていたという（Musselin[2001]）。つまり学長の裁量で使える予算がもたらされることにより、予算配分という中央行政の主要な役割に変化が生じたばかりでなく、大学も学長を中心に変貌することが可能になったのである。フランスの大学は一九世紀末に法人格を得て復活した後も、ディシプリンごとに分かれた教員の団体としての学部（ファキュルテ、一九六八年以降はＵＦＲ［教育研究単位］）の力が強かった。しかし「契約政策」は学長に大きな権限を与え、そのもとで大学が自律的な経営に向けて動きだすことを可能にした。二〇〇七年に成立するLRU（大学の自由と責任に関する法）は、学長の権限をさらに強めるとともに、CNEをAERES（研究・高等教育評価機構）へと改組することによって、この機関による大学評価を公的資金の配分に利用できるものにしている。

**▼中期目標・中期計画**　日本では二〇〇四年の「国立大学法人化」にともない、すべての国立大学法人に六年間の「中期目標・中期計画」が義務づけられた。これはフランスの契約政策とよく似ているが、①希望する大学ではなくすべての国立大学法人が対象となる、②非公務員となった教職員の待遇も含めた全学的な計画が対象となる、③「中期目標」は国が作成し「中期計画」は大学が作成するが、この「中期計画」も国による承認を得なければならない、などの点で異なっていた。フランスの契約政策が対等なパートナー関係による「契約」の体裁を保っているのに対し、ここにはそのような配慮はみられない（長谷［二〇一二］）。

国立大学法人の「中期目標・中期計画」が契約でないのは、学校法人（私立大学）への「私学助成」が契約でないのと同じである。国と契約を結ばない代わりに、大学は国立（国立大学法人）であれ私立（学校法人）であれ、教職員と「雇用契約」を結ばねばならない。二〇一四年には労働契約法が改正され、五年以上同じ職場で働く非正規の教職員も無期契約への変換を要求できるようになった。しかし法人のなかには非常勤教職員は五年未満しか働けないとする就業規程を独自に定めるものも現れ、法人と非常勤講師組合との間で争議が起きている。

**▼社会契約から「普遍契約」へ**　社会契約は人間が自然状態から社会状態へと移行するのを許すものだった。しかし自然が文明化され、社会状態が人間にとっての自然のようなものになると、その契約の意味も失われることになる。大学もいまでは、社会契約のためというより地域貢献、職業訓練、教養教育、研究などのために「種別化」されて存在している。そのなかでも研究大学には多くの公的資金がつぎ込まれるが、それらもまた世界の大学ランキングで上位に入らねばならない。競争に生き残れるかどうかは法人としての大学の自己責任とされ、大学の「自治」もいまやそのためにある（「大学の自律性に訴えかけることは、今日では行政側の武器にさえなっており、国家が大学から全面的に撤退することを正当化している」アレゼール［二〇〇三］）。

かくして中央官庁による資源配分をとおしたコントロール（契約政策）はいまや大学界全体に行き渡り、官僚の「天下り」が日常化するなか、われわれが選んだはずの（あるいは選んだわけでもない）学長による「ガヴァナンス」が粛々と行われている。しかし大衆化という未曾有の出来事を経験し、学生の視点からのこれまでにない改革が必要となった大学にとって、この現状はかならずしも未来の「契約」を約束するものではない。

大学はその誕生以来つねに契約をめぐる葛藤のなかにあった。「知への愛」などはすべての人に必要ないとか、贅沢であるという「政治家たち」の意見に煽られ、カント以来の大学の理念もいまや風前の灯である。とはいえ「知への愛」に限りはないし、自然が完全に文明化されることもない（想定外の災害や事故あるいは六八年五月のような出来事はいつでも起こりうる）。それゆえ契約をめぐる葛藤はこれからも続くだろう。「普遍契約」とでも呼びうるような新たな契約が成立して、「普遍的なるものへのアクセスの条件が普遍化される」（ブルデュー〔一九九九〕）ときまで、「契約関係の擬制」としての契約政策は続くだろう。しかしその限りにおいて、近代の大学の灯が消えることもないのである。

（岡山茂）

# 学生

**▼学生とは何か**　一般的に学生とは、大学などの高等教育機関に在籍してなんらかの課程の修了証の取得をめざす者をいう。しかし総務省の国勢調査のカテゴリーに「学生」という項目はない（「通学者」として「非労働力人口」に含まれるか、「通学のかたわら仕事」をする者として「労働力人口」に含まれるかのいずれかである）。学校教育法などの法律においては、幼児、児童、生徒、学生のように、年齢に応じて呼び方の変わる「在学者」の一種とみなされている。文部科学省の統計では、「各種学校・専修学校」に通う者は「生徒」とされ、「高等専門学校・短期大学・大学・大学院」に通う者は「学生」とされるが、いずれにしても、在学者数としてしか把握できない一つの量であることに変わりはない。

日本では第二次世界大戦後に学生数が大幅に増えている。一九四五年の大学の学部在学者数は七万七〇〇〇人ほどであったが、二〇一二年には二五六万人（約三三倍）となっている（補記：二〇二一年には二六二万六〇〇〇人で過去最多を記録）。またユネスコによれば、世界の学生数は二〇〇〇年にはおよそ一億人であったが、二〇一二年には一億九六〇〇万人と、一二年間でほぼ二倍になっている（二〇二一年は二億三五〇〇万人）。こうした学生数の増加によって学生の概念も変わるに違いない。しかしそれは、マーチン・トロウのいうエリート、マス、ユニヴァーサルの三段階*の変化に対応するものでは必ずしもない。なぜなら「大衆学生」がいる一方で、「エリート学生」もまた存在するからである。それではなぜ彼らはともに「学生」と呼ばれるのか。いつの時代にも変わらない学生のイデアはあるのか。それとも学生とは一つのフィクションなのか。

ふつう人は学生のままではいられない。ところが学生でなくなってしまうと、失業保険受給者、ホームレス、非正規雇用労働者、主婦、家事手伝いなどへと分類される。勉学への意欲や、真理と正義をともに求める意志がありさえすれば、だれもが学生であってよいはずなのに、学生証をもっている者のみが学生としての「恩恵」にあずかれる。これは失業者をあらかじめ無害化し、労働者層から不穏な分子をとりのぞき、資本の論理に若者を動員して就職へと動機づけるための、国家によるフィクションではないのか。

学生とはじっさい仕事をしても賃金はもらえない、場合によっては自ら金を支払いながら仕事をしている奇妙な労働者である。そうであればこそ、「いい年をして働かない者」であっても、学生であれば身分だけは保証される。かつてフランソワ・ヴィヨンは自らを学徒と呼んだ。シェークスピアはハムレットを学生とした。ヴィヨンは大学に愛想を尽かしてゴリアール（ゴリアルド）となり、ハムレットは留学先から戻って父王の無念を晴らそうとする。彼らは就職する（就職に必要な学位を得る）ために学生となったのではなかった。そして学生はいまでも進学、就職、恋人をまえにして迷う存在である。自由であるとはいえ、自由ほど担うに重きものもない。

▼自由人とソフィスト　古代ギリシャの「自由人」の若者は、ソフィストたちからさまざまな知識を学ぶことでパイデイア（一般教養）を身につけた。しかし彼らはソフィストたちを、教えることで金を稼ぐ卑しい者とみなしていた。そこにはプラトンの影響がある。ソフィストのなかには、金儲けのためではなく生計のために教えた貧しい「自由人」もいただろう。そして彼らから学んだ者のなかにも、謝礼ぐらいは払えるようになった奴隷身分の者がいただろう。しかしプラトンは、教えることで金を稼ぐソフィストをひとくくりに批判している。それは彼の師であるソクラテスが、人から学んでも謝礼も払わず、人に教えても報酬を要求しない奇妙な学生＝教師（哲学者）であったからにほかならない。

ソクラテスは、ポリスという、力こそが正義であるような社会で、真理こそが正義であると信じていた。それゆえに市民や権力者から怪しい者とみなされ、ついには死刑に処せられてしまう。プラトンはそのソクラテスの思想を伝えるために、アテナイから離れたアカデメイアに自らの学園を創った。そこでの教育はたしかに無償であったが、哲学を学ぶことができるのは「自由人」のなかでも選ばれた者（エリート）のみだった。学生をめぐるあらゆる逆説はすでにプラトンのなかにその萌芽がある。

＊アメリカの社会学者マーチン・トロウは、大学への進学率が一五％までをエリート段階、一五～五〇％をマス段階、五〇％を超えるとユニヴァーサル段階と呼んだ。天野郁夫・喜多村和之訳『高学歴社会の大学』（東京大学出版会、一九七六年）、喜多村和之編訳『高度情報社会の大学』（玉川大学出版部、二〇〇〇年）参照。

**▼学生の誕生**　一二世紀のフランスでは、ピエール・アベラールが騎士の身分をなげうって学問を志し、優れた教師と出会うためにさまよっている。彼は討論で教師を打ち負かしては名を上げ、自らも弁証法（対話法）の教師となった。するとその講義を聴こうと多くの者が集まってくる。アベラールは彼らから謝礼をもらい、それを元手に自らの学校を立ち上げる。しかしさまざまな迫害のせいでその学校もさまようことを余儀なくされた。一時期それがあったとされるパリのサント・ジュヌヴィエーヴの丘のふもとにリベラルアーツの教師たちが集まるようになるのは、アベラール没後の一二世紀後半のことである。

　同じころイタリアでは、教師たちがよりよい契約で教えられる顧客を探してさまよっている。法学が盛んなボローニャには、ヨーロッパ各地から法学を学ぼうとする者が集まったが、リベラルアーツの教師もそこに引き寄せられた。こうしてパリやボローニャに行けば、もはやさまよわずとも人は教え、学ぶことができるようになるのである。ボローニャでは学生が出身地ごとにナチオ（同郷団）を組み、教師と謝礼の額や講義の内容をめぐって交渉しはじめる。ローマ教皇インノケンティウス三世が「パリの教師と学生の団体《コルポラシオン》」に「ウニヴェルシタス」の名を与えたのは、一二一五年のことだった。

　都市の住民にとって学生とはラテン語を話すよそ者にほかならなかった。「ウニヴェルシタス」はそういう都市において、学生そして教師が自らを守るために結成した法人であり、教皇庁もまたその法人を庇護したのである。しかしコレージュ（学寮）のような施設は不十分で、教皇による庇護もまた監視と裏腹であった。あくまでも自由を求める者は、ゴリアール（ゴリアルド）やユマニストとなってさまよい続けるしかなかった。

中世の学生が得た自由は、古代ギリシャの「自由人」の自由（働かなくともよい）ではなく、就職にあたっての自由であった。聖職者、法曹、医者になるのでなければ、彼らはリベラルアーツを教える教師となった。あるいは大学にそのまま留まることもできた。かつて労働は奴隷がするものであり、キリスト教が普及したローマ時代以降は、原罪（知のリンゴを食したアダムとイヴの罪）をもつすべての人間に贖罪として課せられたものだった。しかしいまや人間は、大学で学ぶことによって自らの意志で職業《プロフェッション》を選ぶことができる。これは一つの革命にほかならなかった。

**▼近代における変貌**　ところでハムレットのような学生は就職する必要がない。あるいはその「職業」とは、王となって真実を明らかにし、正義をなし、民を守ることだった。シェークスピアがこの作品を書いたころ（一七世紀初頭）、ローマ教皇庁はすでにその本来の役割（正義と真理がともに成り立ちうる一つの展望を示すこと）を果たしえなくなっていた。地動説を支持するガリレオ・ガリレイを教皇が弾劾したことは、神を信じるデカルトのような哲学者にとっては絶望的なことだった。そしてそのころから、正義と真理をともに視野に収めるような展望は、教皇庁や大学ではなく、シェークスピア、デカルト、パスカルのような「独学者」によって担われるようになった。

教皇庁の没落に伴い、大学もまた社会に流動をもたらすその役日を果たせなくなる。一五世紀初頭のフランスには六〇〇〇人ほどの学生がおり、そのなかには商人、職人、農民の子息もいたが、大革命の始まる一七八九年には学生数は一万二五〇〇〜三〇〇〇人と二倍以上になるものの、民衆的な出自の者はまれになる。イギリスのオックスフォード大学でも、一六世紀末には平民の子が学生の五五％を占めていたが、一八世紀には平民出身の学生はほとんどいなくなる。逆に学生の大部分を占めるようになったのは、自由職（官吏、医者、法学者、弁護士、司祭）の家の子息たちである（シャルル、ヴェルジェ［二〇〇九］）。

**▼大革命以後**　フランスでは大革命によって大学が廃止される。しかしドイツではカントがルソーを批判的に継承しながら、正義と真理をともに追究しうる近代的な大学を構想した。プロイセンの官僚フンボルトらは、そのカントの大学論を礎にしてベルリン大学を創設している（一八一〇年）。そこでの「ビルドゥング」（教養、自己形成）の理想は、ナポレオンへの抵抗のなかで地方の伝統的な大学にも浸透していく。

ドイツの学生数は一七八九年の七九〇〇人から一八一五年の四九〇〇人へと減少するものの、その後は増加に転じて一八三〇年には一万五八三八人となる（シャルル、ヴェルジェ［二〇〇九］）。あらたな学生は旧体制からの解放を訴え、一八三三年にはブルシェンシャフト（学生団体）が弾圧されるが、四八年には学生全体の六〇％が解放の運動に参加したといわれる。こうして学生は「諸邦をまたいで存在する初めての社会政治的グループ」（同上）となり、ドイツの国家としての統一に貢献したのである。

大革命後のパリには、地方から上京した労働者のなかにも知を渇望する者がいた。カルチエ・ラタンの学生は、全寮制のエコール・スペシアル（のちのグランド・ゼコール）の生徒や親からの潤沢な仕送りのある者を除けば、生活と勉学の劣悪な条件に苦しめられた。しかしそのボヘミアンのような生活のなかで、家庭でのしがらみやリセ（中学・高校）での寮生活の抑圧から解放される自由を味わったはずである。保守主義者たちはカルチエ・ラタンを革命の温床とみなした。じっさい一八三〇年と四八年の革命のときに、学生と労働者はともに立ち上がって強圧的な政権と闘っている。そういうパリでの学生の声に、ドイツの学生もまた呼応した。

しかし一九世紀後半になると、ドイツでは学生が多様化している。学生数は一八六五年から一九一四年までに約五倍に増えて六万一〇〇〇人となる。世紀末にはホッホシューレ（工科大学）が相次いで創られ、その学生数の増加の速さは大学のそれを上回るほどだった（一九〇三年には一万七〇〇〇人となる）。あらたな学生は、工業および都市の発展によって豊かになったブルジョワジーと中流階級からやってきた。富裕な学生は自分たちのブルシェンシャフトから新参者やユダヤ人の学生を排除するだろう。そしてそこから排除された者たちも「自由学生団」を創ってそれと対抗するだろう。中世の大学におけるナチオの対立は、近代においては国内的《ナシオナル》な様相を帯びている。

フランスでは普仏戦争での敗北後、ドイツ留学から戻った学生や教師の意見を入れつつ、大学の再生がめざされた。かつて自由と解放のために闘った学生も、第三共和政のもとでは民主的な社会における自らの役割について考えるようになった。ドレフュス事件ではそういう学生の一部が「知識人《アンテレクチュエル》」となり、ゾラやアナトール・フランスのような有名人を担ぎだしてユダヤ人の将校を冤罪から救うのに貢献している。しかし第一次世界大戦のころになると、王党派のアクシオン・フランセーズに扇動された学生が左翼やユダヤ系の教授の講義を妨害するようになる。のちのヴィシー体制（ナチスの傀儡政権）は、そのときの彼らの動きにならって粛清を正当化し、反ユダヤ主義を制度化したといわれる。ドイツでも学生は大学のなかに根を張ったナチスによって、他のいかなる社会的グループよりも早く征服されてしまう。学生は二〇世紀に起きた未曾有の悲劇の犠牲となったばかりでなく、それを引き起こすのにも貢献している。

▼**学生の現在**　「六八年五月」のときに出現したのは、もはやエリートとは呼びえなくなった「大衆学生」であった。彼らは学生数の増大のなかで機能不全に陥った大学ばかりでなく、アルジェリア戦争やヴェトナム戦争でのフランスやアメリカの植民地主義を批判した。一九世紀前半のパリやベルリンにおける学生と労働者の運動が、一九六〇年代末に至って世界規模となったかのようである。しかし八〇年代になると、「平等」よりも「自由な競争」が礼賛され、学生のなかにもエリート学生と大衆学生の分断が生じてしまう。コグニタリアート（知的労働者階級）とプロレタリアートはもはや連帯しえず、そのようにして労働運動が解体されると、プロレタリアートもプレカリアート（非正規労

働者階級）となってゆく。

そのなかで学生は、いまや大学の顧客あるいは消費者となり、教員評価などを通してその「ガヴァナンス」に参加を求められている。授業料値上げに反対して建物を封鎖しようとする者もいれば、それに反発して授業の速やかな再開を求める者もいる。しかし多くは大学問題に無関心である。アルバイトや就活で忙しく、ＧＰＡ（成績の五段階評価値）が気になって授業をさぼることもできない。自由であるどころか、労働と勉学に縛られている。他方で大学に入りたくとも入れない若者がおり、世界のいたるところから「われわれにも大学を！」という声が上がっている。学生はその声にどう応えるのだろうか。

大学は八〇〇年前の水源から発していまも流れる河であり、学生はその水である。あふれて堤防を決壊させることはあっても、水かさの増した河の護岸工事や、流れそのものを変えるような土木工事はできない。しかし河から上がって岸辺に立つときに、自らの来し方・行く末を想うことはあるだろう。もとより人間とは、シェークスピアやパスカルのころから「考える葦」である。デモクラシーもその「葦」によって支えられている。未成年状態から抜け出るまえの「モラトリアム」、あるいは「知識人」としての生活を体験できる最後のチャンス」（アレゼール［二〇〇三］）としての大学をいかに守るかは、学生にも開かれた問いである。

（岡山茂）

【参考文献】

アレゼール「危機にある大学への診断と緊急措置」、アレゼール日本編『大学界改造要綱』藤原書店、二〇〇三年
大河内泰樹「特権としての教養――大学の統治と自律をめぐる争い」、西山雄二編『人文学と制度』未來社、二〇一三年
大﨑仁「国立大学法人の国際座標」、『ＩＤＥ現代の高等教育』二〇〇三年八・九月号、ＩＤＥ大学協会
栗原康『奨学金なんかこわくない！――『学生に賃金を』完全版』新評論、二〇一四年
児玉善仁『イタリアの中世大学――その成立と変容』名古屋大学出版会、二〇〇七年
シャルル、クリストフ＆ヴェルジエ、ジャック／岡山茂・谷口清彦訳『大学の歴史』白水社文庫クセジュ、二〇〇九年
ド・リベラ、アラン／阿部一智・永野潤訳『中世知識人の肖像』新評論、一九九四年
長谷博之「フランスの国立大学の法的地位と近年の改革――公施設法人としての地位と、国‐法人関係の契約化・マネジメント改革の進展」、『自治研究』八八巻八‐一一号、第一法規、二〇一二年
ブルデュー、ピエール／桜本陽一訳「インタビュー 文化・教育・学校の未来と知識人」、『世界』一九九九年四月号
ブルデュー、ピエール＆パスロン、ジャン＝クロード／戸田清他訳『遺産相続者たち――学生と文化』藤原書店、一九九七年
細川孝編著『「無償教育の漸進的導入」と大学界改革』昆洋書房、二〇一四年
Musselin, Christine, *La longue marche des universités françaises*, Presses Universitaires de France, 2001

【初出】児玉善仁編集代表『大学事典』平凡社、二〇一八年、一八‐二二、八二‐八四、二八九‐二九〇頁（転載にあたり表記を一部改変）

紀要から——

# 大学と文学

## 現代思想はレヴィ＝ストロース『悲しき熱帯』からはじまる

白石嘉治

レヴィ＝ストロースは『悲しき熱帯』（一九五五年）の末尾ちかくでつぎのようにいう。

フランスを去ってから、五年になろうとしていた。私は大学の職を放棄していた。そのあいだに、もっと賢明な学友たちは、大学人としての階梯をはいあがっていた。私もかつてそうだったように、政治に関心をもっていた連中はもう議員となり、やがて大臣という者もいた。だが私はといえば、人外境をへめぐり、人類の廃棄物を追い求めていた。誰のせいで、あるいは何のせいで、人生のまともな進路が砕け散ってしまったのだろうか？[*1]

レヴィ＝ストロースは四〇歳代後半だった。当時としては晩年にちかい年齢であり、『悲しき熱帯』には失望の色がにじんでいる。[2] 彼はすでに第二次世界大戦中にのがれたニューヨークで博士論文『親族の基本構造』を書きあげていた。博士であることが碩学の威光をおびていた時代である。にもかかわらず、パリにもどったレヴィ＝ストロースに大学のポストは用意されなかった。しかも、彼のような例外的な学究にたいする救済の場でもあったはずのコレージュ・ド・フランスへの加入も二度つづけてしりぞけられる（一九四九年、一九五〇年）。著作についても期待はずれだった。専門性の高い『親族の基本構造』の反響がかぎられたものだったのはとうぜんとしても、より広範な読者を想定した『人種と歴史』（一九五二年）の評判もそれほどかんばしくなかった。論文集の出版もガリマール書店からことわられる。そして個人的には、二度目の離婚にともなう慰謝料の支払いのために、それまでに収集した愛着のある品々も売りはらってしまう。[3]

一九三五年にブラジルにわたる以前には、レヴィ＝ストロースは社会党の活動家だったことを想いおこそう。[4] 学生全国連合の事務局長をつとめ、健筆をふるった機関紙『社会主義学生』の連絡先は彼の自宅だった。社会党若手代議士の秘書となり、政策の立案にもたずさわる。そしてリセの哲学教員に赴任した先では、当選にはいたらなかったものの地方議員に立候補もしていた。そうした経緯をへてブラジルへ旅立った彼のもとに、一九三六年六月、社会党党首レオン・ブルムがひきいる人民戦線内閣成立の知らせがはいる。かつて秘書をしていた若手代議士は農相となり、レヴィ＝ストロースが立案した政策を実行にうつそうとしていた。高等師範学校《エコール・ノルマル・シュペリウール》の社会党系の学生活動家グループの何人かは、げんに「議員」や「大臣」となっていく。レヴィ＝ストロースじしんは高等師範出身ではないが、その学生活動家グループのとりまとめ役だった。だが、彼をブラジルから呼びもどそうという者はだれひとりいない。はじめての調査をおえたばかりの彼は、サンパウロでラジオの短波放送をたよりに事態の推移を追うほかなかった。

こうした背景を考えるならば、『悲しき熱帯』には失望がおりかさなっているといえるだろう。第一に、

＊1 Claude Lévi-Strauss, *Tristes Tropiques*, dans Œuvres, Gallimard (La Pléiade), 2008, p. 403. 邦訳：レヴィ＝ストロース／川田順造訳『悲しき熱帯 II』中公クラシックス、二〇〇一年、三五四頁。以下『悲しき熱帯』からの引用は同書より。また原書と邦訳のページ数を本文中に（p. 403／II - 三五四頁）のようにしめす。訳文は適宜変更。

＊2 クリストフ・シャルルの以下のシンポジウムでの発言より。「知識人、学生、そしてすべての人のための大学」（日仏会館、二〇一七年二月一八日）。『悲しき熱帯』の「知的歴史」における位置づけについては以下を参照。Christophe Charle & Laurent Jeanpierre (dir.), *La Vie intellectuelle en France II. De 1914 à nos jours*, Seuil, 2016.

＊3 『悲しき熱帯』執筆時の伝記的な要素については、とりわけ下記を参照。Emmanuelle Loyer, *Lévi-Strauss*, Flammarion, 2015, pp. 411-441.

＊4 渡辺公三『闘うレヴィ＝ストロース』平凡社新書、二〇〇九年。

一九三〇年代後半のブラジルにおける調査にともなう失望。第二に、その調査からはじまった人類学者という「進路」を執筆の時点から回顧したさいの失望。さらに個人的な状況のみならず、当時の政治的な状況にたいする失望もそれに加わる。社会党の闘士であったレヴィ＝ストロースの目には、一九五五年には、戦後の高揚のなかでいだかれていた解放の展望が遠のいていく徴候はあらわだった。みずから調査したインディオたちを「人類の廃棄物」とさえいう『悲しき熱帯』には、小泉義之によれば、冷戦の激化のなかで息をふきかえした資本主義そのものへの嫌悪すら触知しえるという。[*5] こうした失望のなかで、彼の言葉をかりれば「一度だけ気楽にものを書く」ことをやってみる。[*6] どうせ今度の本も売れないだろう。いまさら同業の学者の目を気にする必要もない。書きたいように書くだけである――じっさい、初版はポルトガル語のつづりのまちがいも訂正されることなく出版される。そして学術的な体裁をないがしろにした結果、レヴィ＝ストロースは学会における後見人ともいえる人類博物館長ポール・リヴェからも絶縁されてしまう。だが、よく知られているように、予想外にも『悲しき熱帯』はおおくの読者にめぐまれることになる。

一九二七年、アカデミズムの場にすぎなかった『思想』誌の低迷を打開するために、若い林達夫がその編集に抜擢される。彼はアカデミズムとジャーナリズムの接合をはかり、保田與重郎などの鬼子をうみだしながらも成果をあげていく。[*7] 同様のこころみがリュシアン・フェーヴルやマルク・ブロックによる『アナール』誌の創刊（一九二九年）ではかられたが、こちらは書き手の横断的な関係は形成されたものの、期待していたような読者のひろがりはえられなかった。[*8] ヨーロッパにとって、第一次世界大戦の傷は深かったのだろう。じっさい刷新された『思想』の商業的な成功は、おなじ大戦が戦火をまぬがれた極東の地にもたらした好景気を背景とする大学令の発布（一九一八年）ぬきには考えられない。林達夫じしん、大学令のもとで新設された東洋大学の教員だったが、なにより大学での経験を共有する読者がある程度のひろがりをもって誕生していた。それにたいしてフランスでは、そうした読者のもとにアカデミズムの強度をもちこむという、かつてフェーヴルやブロックが構想し、今日では現代思想とよばれる言説実践が出現するには、一九五五年の『悲しき熱帯』の成功をまたなければならなかった。もちろ

＊5　小泉義之「意味の地質学、人類の腫瘍学――『悲しき熱帯』を読む」、『思想』二〇〇八年一二月（一〇一六号）、五二・六九頁。
＊6　「当時私は大学教育にポストを得る望みはもうないだろうと思っていたようなときでしたから、一度だけ気楽にものを書くというような、頭に思い浮かぶことをみんな言葉にしてみるという計画に気持ちが動かされたのです」。クロード・レヴィ＝ストロース、ディディエ・エリボン／竹内信夫訳『遠近の回想』増補新版、みすず書房、二〇〇八年、一一二頁。執筆を依頼したのは少壮のイヌイット人類学者ジャン・マロリーだった。
＊7　渡辺和靖『保田與重郎研究』ぺりかん社、二〇〇四年。
＊8　Laurent Jeanpierre, «L'aventure des sciences de l'homme», dans *La Vie intellectuelle en France*, op.cit., pp. 139-165.

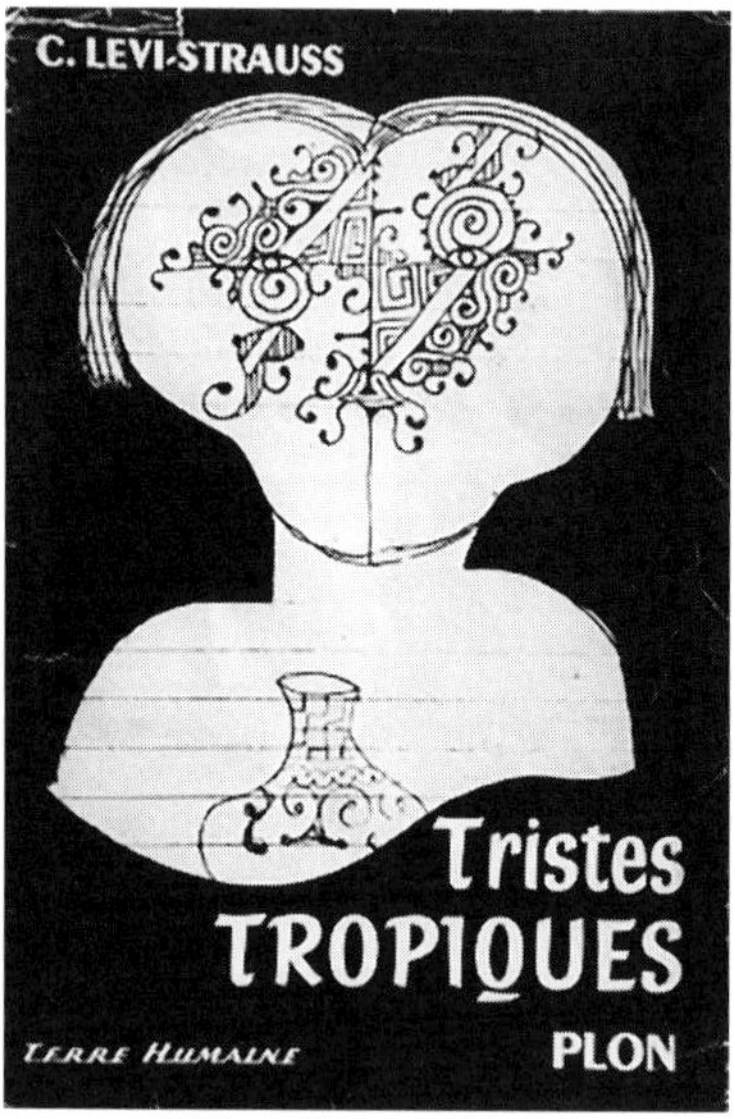

『悲しき熱帯』初版表紙

1930年代後半，ブラジル赴任中のレヴィ=ストロース(左端)。リオデジャネイロの国立美術館にて，同僚のルース・ランデス，チャールズ・ワグリーと

ん戦後の復興とともに、あらたな読者が層として形成されただけではない。植民地の問題がくすぶっていたこともあるだろう。冷戦の亢進は、とうぜんのことながら第三世界の「発見」をいやがおうにもうながす。だがそれにしても、なぜひとびとはレヴィ＝ストロースの失望にひきつけられたのだろうか？現代思想は失望なしにありえないのだろうか？ そもそもレヴィ＝ストロースはそうした失望においてなにを語ろうとしていたのだろうか？ 問いはひらかれている。われわれとしては『悲しき熱帯』のいくつかの章を読みとくことで、こうした問いがみちびく現代思想のはじまりの一端にふれてみたい。

## 『悲しき熱帯』の大学

人類学への関心、あるいは未開の地への興味から『悲しき熱帯』を読みはじめるならば、ちょっとした違和を感じつづけることになるだろう。よく知られた「私は旅や冒険家がきらいだ」(p.3／I・四頁)という冒頭の一句のみならず、つぎつぎとくりだされる逆説めいた言辞にとまどうだけではない。そこではレヴィ＝ストロースが人類学をこころざしてブラジルへと旅立つ経緯が語られるが、われわれが彼とともに未開の部族にであうのは第五部「カデュヴェオ族」までまたなければならない。じつに『悲しき熱帯』のおよそ三分の一まで読みすすめたあたりである。しかも、人類学的な記述自体、じっさいには全編のおよそ半分にもみたない。第五部につづいて「ボロロ族」「ナンビクワラ族」「トゥピ＝カワイブ族」の調査の成果が時系列にそってしめされるものの、その記述は人類学とは無関係な細部にわたる描写や感慨の「被膜」(*ibid.*)におおわれている。そしてさいごの第九部「帰還」で、われわれは先に引いたみずからの「進路」にたいする失望の表明のみならず、これもまたよく知られている「世界は人間なしにはじまり、人間なしにおのずとおわるだろう」(p. 443／Ⅱ - 四二五頁)という大胆かつ憂いにみちた言明をみいだすことになる。レヴィ＝ストロースの擱筆の言葉を引いておこう。

いまや生にとってかけがえのない離脱のときである。野生人にわかれをつげ、この旅もおわりにしよう！――われわれ人類がミツバチのように整然とはたらくことを、たとえ短いあいだでも中断してみよう。そうすれば、思考のてまえと社会のかなたで、人類がかつてどのようなものであり、そしてどうありつづけるかということの本質を感じとれるはずだ。ひとかけらの鉱物をじっとみつめれば、それがわれわれのつくりだしたどんなものよりも美しいことがわかるだろう。百合の花芯からただよう香りは、われわれの書物よりもはるかに精妙なものだろう。あるいは、忍耐、穏やかさ、そしてゆるしあう気持ちのこめられたものうげな目配せは、ふとわかりあうことができたと感じる一匹の猫とかわされるだろう。(pp. 444-5／Ⅱ - 四二八頁)

今福龍太も指摘するように、この結語では、たんに文化や文明への帰還が語られているのではない。[*9]「離脱」は二重である。レヴィ＝ストロースは「野生人」にわかれをつげるだけではない。もどっていくはずの文明もまた、労働の「中断」によって宙づりにされなければならない。そうした未開と文明にたいする二重の「離脱」において、われわれは鉱物や百合や猫に感応しつつ「人類」についての「本質」をつかみとることができる。未開への旅のはてにみいだされたのは、「思考のてまえと社会のかなた」という、あやうい境位において感得される自然への直観である。

こうした自然へのある種の回帰を語るレヴィ＝ストロースにとって、ルソーはつねにたちかえるべき拠りどころである。ルソーは「哲学者たちのなかでもっとも民族学者」（p. 418／II‐三八二頁）であり、「われらの師」「われらの兄弟」（*ibid.*）でもある。レヴィ＝ストロースによれば、ルソーはディドロとちがって野生人を理想化しない。未開とよばれる状態もひとつの社会にすぎないことをよくわかっていたという。われわれの文明化された社会にくらべれば、より平等で好ましく思われることもあるだろう。だが、人類学者は未開社会に「ユートピア的な自然状態の啓示」（p. 420／II‐四八五頁）をもとめて旅するのではない。森のなかに「完全な社会」（*ibid.*）がみいだせるのではない。彼はルソーとともに、社会そのものからの「離脱」をこころみる。人類学とは「われわれの社会からわれわれを切りはなす方法」（p. 421／

Ⅱ・三八六頁）であり、未開社会と文明社会をつきあわせることで、それらの「ちょうど中間」[*10]に生じる裂開から自然への直観がもたらされる。

レヴィ＝ストロースによるルソー解釈の正当性は問題にはならない。あるいは、それにもとづいて社会から隠退し、ある意味で反社会的ともいえるような人類学のすがたが、彼じしんの失望とひびきあっていることも問わないでおこう。興味深いのは、『悲しき熱帯』において、レヴィ＝ストロースのルソー主義的な自然が大学の概念と重ねあわされていることである。じつのところ『悲しき熱帯』のさいしょの四部は、大学論ともいえる様相を呈している。レヴィ＝ストロースは戦間期に法学と哲学を学び、やがて人類学者になるためにブラジルの大学へと赴任した。そうした経緯がのべられている以上、大学にかかわる言及がつづくのはとうぜんだが、そこにはレヴィ＝ストロースの自然へとむかう人類学的な思考がはたらいていることを見落としてはならないだろう。たとえば、一九二八年ごろの法学や医学の学生と文学や自然科学の学生との対照はつぎのようにえがかれる。

＊9　今福龍太『レヴィ＝ストロース　夜と音楽』みすず書房、二〇一一年。とりわけ一五〇頁以下を参照。
＊10　レヴィ＝ストロースによるルソー『人間不平等起源論』からの引用（p. 420／Ⅱ・三八四頁）。

> 一方には（伝統的な民族学が特定の年齢階級をしめすためにもちいる用語の意味での）「若者」がいる。騒々しく、無遠慮で、およそ最低と思われる俗悪さと手を握ってでも、世間を安全にわたろうと腐心し、政治的には（その時代の）極右を志向している「若者」である。そしてもう一方には、すでに老成したような青年たち。慎重で、引っ込み思案で、たいていは「左傾」している。彼らがめざす大人たちの仲間になろうと懸命に勉強している青年たちである。（p. 42／I‐七八頁）

レヴィ＝ストロースじしんは法学部に入学したが、周囲の学生たちに好意をいだいていなかったことはあきらかである。そうした学生たちは大学で将来の「一定の職務を遂行する準備をしている」（*ibid.*）にすぎない。そして「社会の機能の体系のなかでしめるべき位置が確保されていることに、その言動で凱歌をあげている」（*ibid.*）。こうした社会への同化と「極右」志向が同一視されていることも興味深いが、なにより法学や医学の学生には、彼のいう「離脱」の契機がないことが問われていることに留意すべきだろう。他方で、文学や自然科学の学生は、社会からいわばみずからを疎外する。「彼らがめざす大人たち」とは大学における教員や研究者である。こうした学生と教員の再帰的な循環によって、大学は社会からなかば切りはなされる。そのかぎりで「教育や研究は、なにかの職業の見習修行と混同されてはならない」（p. 43／I‐七九頁）のであり、「隠遁であるか使命であるかということは、教育や研究の栄光と悲惨である」

（*ibid.*）。

こうしたレヴィ＝ストロースの大学観は、大学そのものの歴史にねざしていることをまずは確認しておこう。大学はヨーロッパの中世に誕生する。[*11] それは学校とは区別されるべきものである。学校は古代からあり、中世においても、法学や医学といった社会に有用な知識は学校で学ばれるものだった。あるいは神学も、教会が行政をになっていた時代には、ある種の実学として学校で学ばれていた。こうした学校にたいして、十字軍の遠征の結果、あらたに中東から流入してきたアリストテレス哲学を学ぶための自発的な集団が大学のはじまりである。そこでは、のちに人文学（les Humanités）とよばれる領域が神学にたいして、紆余曲折をへながらも一定の自律的な関係をとりむすんでいく。こうした中世の大学の組成はおおむねナポレオンによっていったんは解体されてしまうが、一九世紀初頭のドイツで再生し、フランスでもパリ・コミューン以後の共和制のもとで定着する。それゆえ大学とは、レヴィ＝ストロースのいうような「隠遁」や「使命」という、中世的ないとなみとはけっして無縁ではない。彼が戯画的にえがく法学や医学の学生と文学や自然科学の学生との「差異」（p. 42／I - 七八頁）は、中世以来の学校

＊11　大学についての記述は以下を参照。アラン・ド・リベラ／阿部一智・永井潤訳『中世知識人の肖像』新評論、一九九四年。クリストフ・シャルル、ジャック・ヴェルジェ／岡山茂・谷口清彦訳『大学の歴史』白水社、文庫クセジュ、二〇〇九年。

と大学の区別にもとづいている。そしてそのことは、以下のように語られるブラジル行きの発端となる出来事にも微妙な陰影をなげかけている。

一九三四年秋の日曜日、朝九時に鳴った電話で、私の進路はおのずと決定された。電話はセレスタン・ブーグレからであった。彼は高等師範学校の校長だったが、私にたいする好意は、何年もまえから、すこし距離をおいたためらいがちなものだった。それはまず私が高等師範の出身ではなかったからであり、そしてとりわけ、たとえ私がそこの出身者だったとしても、彼が特別な感情をあからさまにそそいでいた一門に私が属していなかったからである。(p. 34／I - 六二頁)

高等師範学校とは文字どおり学校であり、大学とは区別されるべきものである。さきにふれたようにナポレオンは大学を廃止し、かわりに高等専門学校(Grandes Écoles)とよばれる国家のためのエリート養成校を創設する。それらのうちで高等教育の教員養成をになうのが高等師範学校である。こうした高等専門学校は大学の再生後ものこり、今日にいたるまでフランスにおける高等教育の二重性ないし階層性をかたちづくっている。それじたいの是非はおくとしても、上記の引用のなかでも、大学と学校の「差異」がはたらいていることは容易にみてとれるだろう。レヴィ＝ストロースは文学や自然科学の学生とともに大学のがわにあり、ブーグレは「社会の機能の体系のなかでしめるべき位置が確保されている」ような高等師範の校長である。それらのあいだには、わずかであれ「距離」と「ためらい」が触知される。しかも、この微妙な「差異」によって、レヴィ＝ストロースはブラジルへとたつことになる。ブーグレは電話でサンパウロ大学のポストを提示する。レヴィ＝ストロースの人類学への興味を知ってのことであるが、彼が「高等師範の出身」であれば、とりわけブーグレの「一門」であれば、たとえ人類学に興味をもっていても、国内の大学のポストがあたえられた可能性は否定できないのではないだろうか？

いずれにせよ、レヴィ＝ストロースが大学と学校の分割の線にそってブラジルへとわたり、文明から遠くはなれた「人外境」におもむいたことはたしかである。彼はそこで「思考のてまえと社会のかなた」に感知できるはずの自然に思いをめぐらす。おそらく、こうした『悲しき熱帯』の道行き自体、レヴィ＝ストロースが学校ではなく大学のがわの人間だったことと無関係ではない。古代はカミによる支配であり、近代はヒトによる支配であるのだろうが、いずれも文明による支配であることにかわりはない。それにたいして、移行期である中世とは、古代や近代の文明の支配そのものが低下した時代である。大学の誕生がそうした中世に固有の出来事だったとすれば、大学は文明のくびきをのがれて、自然の探求に身をゆだねる場でもある。こうした大学における自然は「離脱」のもとにあり、それは「隠遁」と「使命」のなかで「栄光」や「悲惨」をもたらす。レヴィ＝ストロースは『悲しき熱帯』での語りをつうじて、大学を自然へと送りかえしている。そしてその自然もまた、大学が仮構する退隠においてみいだされるのである。

### 熱帯の古典劇

レヴィ＝ストロースは戦前のブラジルで、すでに『悲しき熱帯』という小説の執筆をこころみていた。[*12]それから一五年以上たった失望のなかで、みずからの「進路」を語る書物におなじタイトルをつけるが、それは自然をたぐりよせるみぶりでもある。レヴィ＝ストロースと同年生まれのベニシューによれば、小説とは歴史に対置されるべきものである。[*13]フランス革命は、けっきょくのところナポレオンの帝国をもたらす。だが、ひとびとはロシアまで行軍するためにバスチーユを襲撃したわけではない。だから歴史にたいして、そこからこぼれおちるような物語が小説となる。それは歴史ひいては文明の進行にたいして、なにがしかの逆行をともないつつ日常の偶発的な感情の発現を対置することでもある。一九世紀が小説の世紀であるのは、そうした革命で実現されるはずだった感情が探求されたからにほかならない。それはロマネスクな「冒険」でもあるだろうが、[*14]小説で問われている感情が文明の截然とした進行にあらがうかぎりでの自然に属すことはたしかである。小説は複雑で流動的な感情の生成をつうじて、われわれに自然のありかを触知させる。

じっさいレヴィ＝ストロースは『悲しき熱帯』の第二部7章で、かつて執筆を試みた同名の小説の草稿から海上の雲と日没の描写をひきうつす。そこでは自然は「一度かぎりで、おなじ状態ではけっしてふたたび生ずることのない事象」(p. 51／I‐九五頁)であり、それを言葉に定着することに「私の仕事の奥義」(*ibid.*)があるという。そしてこの自然にたいする省察は、さいごの第九部で、悪天候のせいでアマゾンの密林に足止めされたレヴィ＝ストロースじしんが、その無聊のなかで執着したという、コルネイユの『シンナ』に想をえた戯曲『神にされたアウグストゥス』をつうじて語られる。

ドゥブロフスキーによれば、『シンナ』において王権は「歴史を超越する」存在である。[*15] 絶対王権にはじまる近代の主権概念は、宗教戦争のなかでねりあげられたが、それは宗教を超越することで、深刻な紛争の調停を可能にする。コルネイユはこうした経緯を『シンナ』のなかで圧縮して描きだす。じっさい

＊12 «Tristes Tropiques», Roman, in Lévi-Strauss, Œuvres, *op. cit.*, pp. 1628-31. レヴィ＝ストロース／管啓次郎訳「小説『悲しき熱帯』(一九三八‐三九年)」、『思想』二〇〇八年一二月号、四一‐四六頁。
＊13 ポール・ベニシュー／片岡大右他訳『作家の聖別』水声社、二〇一五年。
＊14 赤羽研三『〈冒険〉としての小説　ロマネスクをめぐって』水声社、二〇一五年。
＊15 Serge Doubrovsky, *Corneille et la dialectique du héro*, Gallimard, 1963, p. 217.

最終幕で王オーギュストは、尊大にもシンナをはじめとした臣下たちの策謀をゆるすだろう。主権の絶対的な上昇によって、寛容なるものがもたらされるのである。他方、レヴィ＝ストロースが『悲しき熱帯』のなかでみずから引用する戯曲『神にされたアウグストゥス』では、社会ないし文明からの超出の対称性が問われる。すなわち、アウグストゥスが神格化によって社会の軋轢から逃れる一方で、シンナは自然へと下降することで文明から脱出しようとする。「社会生活とその栄誉のために生まれた」（p. 406／Ⅱ - 三五九頁）アウグストゥスにたいして、シンナは「文明にそむくことを選ぼうと考えて」（p. 405／Ⅱ - 三五八頁）辺境の地へと旅立つ。レヴィ＝ストロースのシンナも策謀をめぐらすだろう。だが、もはやアウグストゥスの寛大さに救われるようなたんなる臣下ではない。ふたりはその対称性において対等な関係にあり、げんにシンナはアウグストゥスにこういいはなつ。

どんな人間の智慧、たとえプラトンのそれをもってしても、この世に存在するかぎりなく多様な花と葉のすべてを知りつくすことはできないだろうが、私は知ってやろうと思ったものだ。そして、快適な家に住み、食料のつまった蔵のかたわらで暮らす君たちのだれひとりも思い浮かべることができないような、恐怖や寒さや飢えや疲れが惹き起こす感覚を、私はとにかくこの身でたしかめてやろうとも思ったものだ。私はトカゲもヘビもイナゴも食べた。君なら考えただけで胸がむかつくだろうこれらの食物に、私は新入りの少年の感動をもって近づいていった。世界と私とのあいだのあたらしい結びつきをつくりだそうとしていると信じていたのだ。(p. 408/II - 三六三頁)

レヴィ゠ストロースは戦争中の動員先で花をながめているときに、のちの構造概念の端緒となる直観をえたといわれる。[*16] みずからを「花と葉のすべてを知りつく」そうとしたシンナに重ねあわせていることはあきらかだろう。そうしたシンナもまた、レヴィ゠ストロースと同様の失望をいだいている。ローマに帰還したシンナは「旅というものは偽りだった」(*ibid.*)と感じている。冒険譚は社交界の俗物をよろこばせる「嘘」(*ibid.*)にすぎない。自然は文明の外に即物的にころがっているのではない。「トカゲやヘビやイナゴ」を食べたからといって、「世界と私とのあいだのあたらしい結びつき」がみいだされるわけではない。とはいえ、神格化されることで社会から超越しようとするアウグストゥスが肯定されているのでもない。そのことは『悲しき熱帯』に組み込まれなかった『神にされたアウグストゥス』の原稿からもうかがえる。[*17] 失意のシンナをよそに、アウグストゥスの神格化はすすめられる。だが、その進捗

*16 Emmanuelle Loyer, *op. cit.*, pp. 242 sq.
*17 Plan pour «L'Apothéose d'Auguste», Lévi-Strauss, Œuvres, *op.cit.*, p. 1634.

とともに、奇妙なことに宮殿には木々が生い茂り、動物がひしめくようになる。神格化の儀式の当日はアウグストゥスじしんが動物に追いつめられ、都市全体が自然状態にもどってしまう。戯曲そのものは執筆が中断されているので、アウグストゥスの神格化にともなう自然の侵食の意味はつまびらかではないが、おそらくはそうした神格化の自然にたいする無力をしめしていると考えられる。

レヴィ＝ストロースじしんは、こうした『神にされたアウグストゥス』について、予想以上にながびいた旅の疲労による「錯乱」（p. 410／Ⅱ‐三六七頁）からくるという。だが、われわれにとっては、この戯曲は『悲しき熱帯』の末尾でしめされた自然への直観と否定的に呼応しているのではないか？ くりかえすが、そこでは二重の「離脱」が問われていた。文明と未開をつきあわせることで、われわれは自然への直観をえることができる。それはわれわれが社会によって捕獲されないよりどころである。おなじことは、レヴィ＝ストロースの考える大学についてもいえる。社会的なものにたいするその内在的な退隠のみぶりにおいて、大学は自然へとつうじている。それにたいして、シンナの失敗はたんに文明から脱出しようとしたことにある。そしてアウグストゥスの失敗もまた、神格化がたんなる社会的な上昇にすぎなかったことだろう。いずれにせよ、レヴィ＝ストロースの古典劇風の戯曲は、われわれに問題のありかをしめしている。しかも、それは「錯乱」の未開において書かれなければならなかった。自然への「奥義」は達成できたのだろうか？ すくなくともいえるのは、レヴィ＝ストロースにとって、「奥義」

は小説や戯曲という文学のかたちをつうじて探求されていたことである。そしてそうした文学なしには、『悲しき熱帯』そのものがありえないこともたしかなはずである。

## むすびにかえて

現代思想が『悲しき熱帯』からはじまるとすれば、それは自然への問いとともにあったといえるだろう。そのことは今日でもかわらない。たとえば、メイヤスーらの思弁的実在論の標的は、カント以後の表象の体制である。[*18] そのいわば文明の体制のもとでは、もの自体は断念されなければならない。われわれにゆるされているのは表象の構築であり、そのための条件を考えることだけである。こうした格率のもとに、もの自体の湧出としての自然を回避しながら、よりよい表象をみがきあげることに腐心してきたのだろうが、いまやその限界はあきらかである。必要なのは気のきいた言説分析ではなく、もの自体の風にふかれることである。表象の体制のむこうがわへとふみだし、みずからを再自然化することである。

＊18　カンタン・メイヤスー／千葉雅也・大橋完太郎・星野太訳『有限性の後で　偶然性の必然性についての試論』人文書院、二〇一六年。思弁的実在論における「再自然化」については以下を参照。Peter Gratton, *Speculative Realism : Problems and Prospects*, Bloomsbury, 2014.

おなじことは、森田亜紀や國分功一郎による中動態論についてもいえる。[*19] 森田＝國分が依拠するバンヴェニストによれば、言語の基層に触知できるのは「見る／見られる」といった能動／受動の対立ではない。[*20] むしろ「見る／見える」の対立であるという。このおのずと「見える」という自発の境位が中動態だが、それは文明のもとでの統治の浸透とともに受動態にとってかわられる。文明とはなにより命令の体系であり、そこで声＝態（voix）は、能動と受動に二極化するほかない。とはいえ、中動態で表現すべき事態がうしなわれたのではない。たとえば「見られる」というあまりに受動的な言い方から自発性をとりだすかのように、われわれはときに「見れる」というが、これはたんなる規範からの逸脱ではない。問われているのは、中動態的な位相におけるもの自体の立ちあらわれである。それはごく端的に自然の湧出といいかえられるだろう。

もちろん、『悲しき熱帯』に今日の思弁的実在論や中動態論を読みこむことは、アナクロニズムのそしりをまぬがれない。中動態論でしばしば言及されるメルロ＝ポンティが学生時代からのレヴィ＝ストロースの友人であったとしても（けっきょくのところ、『熱しき熱帯』の成功のあと、三度目でようやく実をむすぶ彼のコレージュ・ド・フランス加入に尽力したのは、みずからの死期をみすえたメルロ＝ポンティだった）。むしろおどろくべきは、『悲しき熱帯』がみいだした自然という問いの射程の持続であり、われわれがかんたんに検討してきたように、それが大学や文学をつうじて提起されていることである。しかもそこには、レヴィ＝ストロースじしんの深い失望がはたらいていた。失望による文明や社会からの「離脱」は、大学や文学の自然をまねきよせる。そうした自然は「思考のてまえと社会のかなた」という、おそらくは中動態で語られるような裂開において、われわれをもの自体にせまる境位へとさそうこともあるのではないだろうか？　いずれにせよ、大学は社会からの距離のなかでみずからの自然を涵養し、文学の感情は文明の進行にあらがって立ちあらわれる。『悲しき熱帯』はたんなる人類学の書物ではない。失望と大学と文学の三つ組みなしには、その書物がわれわれのもとに届けられることはなかっただろう。われわれはその僥倖とともに、現代における自然について思いをめぐらすことができる。『悲しき熱帯』の問いはいまもひらかれたままである。

【初出】『上智大学仏語・仏文学論集』第五二号、二〇一八年三月、七三-八六頁（一部加筆修正）

＊19　森田亜紀『芸術の中動態』萌書房、二〇一三年。國分功一郎『中動態の世界』医学書院、二〇一七年。
＊20　エミール・バンヴェニスト「動詞の能動態と中動態」、岸本通夫監訳『一般言語学の諸問題』みすず書房、一九八三年、一六五-一七三頁。

# 「大学／文学」論序説

## フランス象徴主義とは何か

岡山茂

おそらくこの批判という機能は、社会的な諸力によって脅かされながらも七世紀にわたって途切れることなく続いてきた大学という知的冒険にとっての、真の赤い糸なのである。

（クリストフ・シャルル、ジャック・ヴェルジェ／岡山茂・谷口清彦訳『大学の歴史』白水社文庫クセジュ、二〇〇九年、一六九頁）

### 1　「象徴革命」について

中世における大学の誕生や近世のルネッサンスにも匹敵するような「象徴革命」（ピエール・ブルデュー）が一九世紀中葉のパリで起こっている。フロベールの小説、ボードレールの詩、クールベやマネの絵画がスキャンダルとなった。それらが風俗を紊乱したというよりも、そこにみられる「モデルニテ（現代性）」への感性が画壇や文壇を揺さぶり、群集の意識を変容させたのである。

フロベールとボードレールは一八四八年の二月革命と六月蜂起を知っていた。その年の二月には市民がともに闘って共和政をもたらしたが、六月には内戦となり、パリの街路は二月のときよりも血まみれになった。政治の無力を目の当たりにした彼らは、ラマルチーヌやユゴーのような政治家＝文学者の世代（あるいはロマン主義）を否定し、文学を政治から自立させようとする。政治への本質的な批判もそこから始まった。

彼らによって見出された自由を武器に、マラルメとゾラは一九世紀末になると社会に向かって発言している（「文学基金」と「われ弾劾す」）。プルースト、ペギー、セリーヌらもそれに続いた。しかしサンボリストたちの「自由詩」はかならずしも自由をもたらさなかったし、ドレフュス事件、政教分離法の成立、第一次世界大戦と続くあいだに、政治と馴れあってしまう文学者も多かった。すると今度は、人文・社会科学が学問の言葉でその革命（「象徴革命」）を語りなおす（ベルクソン、バシュラール、サルトル、フーコー、レヴィ＝ストロース、ドゥルーズ、バルト、クリステヴァ、リシャール、ブルデュー、ベニシュー、デリダ……）。みいだされるのは「現代思想」というより、「大学／文学」とでも呼ぶべきあらたな概念である。[*1]

*

パリに二月革命が萌すころ、アルヌー夫人は幼いわが子が急に熱を出したため、フレデリックとの逢い引きの約束に背いてしまった。彼女はそこに「神の救い」を見ている（『感情教育』）。他方、そのような「救い」のなかったボヴァリー夫人は、不倫におぼれ、負債に追い詰められ、自ら匕素を飲んで火刑台上のジャンヌ・ダルクのように死んでゆく。フロベールの二人のヒロインは、信仰と資本という二重の抑圧のもとにいた。大学は女性に対して門を閉ざすことで、中世以来その抑圧に加担している（ソルボンヌはジャンヌ・ダルクを火あぶりにするのにも貢献している）。

フロベールはそういう女性たちを文学空間に解放したのである。ボードレールも『悪の華』のなかでレスボスの女に語らせている。さらにマラルメは、晩年に書いた『エロディアードの婚礼』という「ミステール（神秘＝聖史劇）」において、エロディアードというふしぎな女性を描いている。彼女はヨハネの首を所望するサロメであると同時に、その首と結婚することで懐妊するマリアである。中世のパリ大学がエロイーズとアベラールの不可能な結婚（アベラールは睾丸を切りとられている）から生まれるように、

＊1　フランスの作家と詩人（フロベール、ボードレール、ゾラ、マラルメ、ランボー、プルースト、ペギー、そしてサンボリストたち）の作品や発言を手がかりに、フランスにおける大学と文学の関係を考える。そのさい「大学／文学」という概念を立ち上げる。それをマラルメのように「書物」といってもよい。しかしそうすると「大学」と「文学」の概念が消えてしまうため、あえてそれらを残してあいだに「／」を入れた。この「／」はマラルメが「欲望とその成就のあいだのイメーヌ」（「マイム」）というときの「イメーヌ hymen」（「婚姻＝処女膜」）である。「大学」と「文学」はこの「／」を介して結びつくと同時に切り離される。

このエロディアードの「処女懐胎」からフランスにも現代の大学（「大学／文学」）が生まれる。

マラルメは一八九四年にオックスフォード大学とケンブリッジ大学で「音楽と文芸」と題する講演をした。その帰途に汽車の窓から夕陽を眺めているとき、「文学基金（Fonds littéraire）」というアイディアをえた。それは中世からあるイングランドの大学を、「ファンド（土地＝基金）」という形でフランスに移植し、「詩句の危機」のなかにいるフランスの若い文学者たちを支えようというものだった。アイディアはフィガロ紙にも発表されたが、アカデミー・フランセーズや議会は動かなかった。同じころデュルケムなどドイツに留学した学生は、ドイツから「フンボルトの大学」を持ち帰っている。一八九六年の総合大学設置法によってフランスに復活する大学は、このドイツモデルに基づいている。しかしクリストフ・シャルルによれば、それもまた「不可能な大学」だった（『大学人の共和国』）。[*2] 大革命のときに大学を廃絶し、リセとグランド・ゼコールというエリート養成のためのシステムを築いたフランスには、中世以来の大学はもはや再生しようがなかったのかもしれない。しかし一九六八年の「五月革命」では学生と労働者が彼らの大学を要求している。[*3] そして二〇世紀も終わるころには、哲学者のジャック・デリダが「条件なき大学」について語っている。大学の概念はフランスでは、「あらゆる花束に不在の花、甘美なるイデーそのもの」（マラルメ）のように立ちのぼり、その廃墟にたたずむ者を夢想へと誘うのである。

＊

アベラールとエロイーズのころからの〈批判〉の「赤い糸」を一九世紀の文学や二〇世紀の人文・社会科学のなかに探り、それによって大学と文学を結ぶことは、ブルデューのいう「アウクトール」との出会いを可能にする。アウクトール auctor とは、世界を読むだけのたんなる著者 auteur と違って、世界に知的な革命（「象徴革命」）をひきおこすパスカルやボードレールのような特異な書き手のことである。[*4]

日本にもボードレールやマラルメを読み、そのテクストにランボーの Sensation にも似た感覚を味わった

＊2　*Christophe Charle, La République des universitaires*, Seuil, 1994.

＊3　「一般に、五月革命はパリ大学ナンテール校の女子寮に恋人が宿泊する権利をもとめて始まったといわれる」（児玉善仁編集代表『大学事典』平凡社、二〇一八年、八六四頁）。

＊4　「われわれは、ボードレールが置かれていた社会世界、とくに、彼がそれとともに、またそれに逆らって自己を作りあげた知的世界、そして彼が、文学の界（シャン）というまったく新しい世界を作り出すことに貢献することで、大きく変革した、いや革命した知的世界にまったく無縁なのである。ただし、ボードレールが作り出したその世界はいまやわれわれからすれば、当たり前の世界になっている。それゆえに自分の無知に無知なわれわれは、ボードレールの生涯のもっとも異常（エクストラオルディネール）な点、すなわち文学のミクロコスモスという通常外（エクストラオルディネール）の現実を「逆転した（経済）世界」として出現させるために展開した彼の努力を消し去ってしまうのである。もうひとりの異端であるマネとおなじくボードレールは自分が遂行した革命の成功の犠牲者である」（ピエール・ブルデュー／加藤晴久訳『パスカル的省察』藤原書店、二〇〇九年、一四二頁）。

文学者はいた（上田敏、永井荷風、萩原朔太郎、中原中也、小林秀雄……）。しかし彼らは、以上に述べたようなフランスにおける大学再生のプロセス（①フロベール、ボードレール、②マラルメ、ゾラ、ペギー、プルースト、③ブルデュー、デリダ、シャルル……）を知らなかった。それはフランスのサンボリストたちも同じである（ジャポニスムによるサンボリスムの「日本化」は一九世紀末から始まっている）。彼らの大学への無知あるいは無関心は、大学を政治的に利用しようとする政治家たちの無知あるいは無謀さとよく釣りあっていた。そのことは、両国がカタストロフ（世界大戦）へと向かってしまうのと無関係ではない。

六月蜂起のときのフロベールとボードレール、パリ・コミューンのときのランボーとヴェルレーヌ、第一次世界大戦のときのペギーとプルーストに希望はなかった。しかし「絶望させる悪天候」（マラルメ「詩句の危機」）のなかでも、雲の切れ間から陽光が差すことはある。ベルナール・ラザール、フェリックス・フェネオンのようなサンボリストは、詩人になることをあきらめてジャーナリストになり、ゾラを動かしてドレフュス事件を起こすことに成功する。同じくドレフュス派の「知識人」であったプルーストは、「真実の生、一瞬の陽光、それゆえに十分に生きられる唯一の生」にほかならない文学を生き、『失われた時を求めて』を大戦下のパリで書きつづけた。一九六八年五月のソルボンヌの中庭に青空がのぞいたように、われわれの仮想のキャンパスのメランコリーの泥沼（オンライン授業！）にも、「大学／文学」というイデーの花は咲くだろう。

## 2　「象徴の森」へ

一九世紀前半のパリには、一八世紀の啓蒙主義者のように生きようとするプロレタリアの詩人たちがいた。昼は働き、夜も寝ないで学んだ彼らが、スコレー（学校＝余暇）をほしいままにするブルジョワジーへの敵意を募らせたとしても不思議ではない。そのころにリセで学び、法学ファキュルテを中退したフロベールとボードレール（ともに一八二一年の生まれ）は、文学の世界に人間を解放しようと試み、そのことに成功している。大学のない時代に、文学はあたかも大学のように機能し、文字が読めるようになった人々を「啓蒙」したのである。

二〇世紀になっても、プルーストとペギー（二人の出自は大きく異なる）は、中世のゴリアールのように文学の可能性をどこまでも追求している。詩句のなかに息づいていた「イマジネールな知」[*5]は、散文のなかで息を吹きかえし、人文・社会科学の言語をも駆動させるようになる。「現代思想」を担う人たち

＊5　岡山茂『ハムレットの大学』（新評論、二〇一四年）、第一部「イマジネールな知の行方」、とりわけ「エロディアードの大学――マラルメとデリダによる」（一二 - 三二頁）を参照。

もまた、ドレフュス事件のときの「知識人」と同じように、あらたにみいだされた「大学／文学」のなかで語ったのである。

プルーストとペギーはボードレールのいう「象徴の森」の葉陰で、クモのようにテクストを編み、そこにかかった獲物を食らいつつ、いつのまにか「アウクトール」へと変身した。しかしパリ・コミューンがつぶされて以降、森のなかで生産されるテクストを都市に生きる人々に届けるための出版という仕掛けは、ボードレールが生きていたころのようには機能しなかった。出版という「商売」からえられる利益の一部（著者の死後五〇年をへて「公的領域」に入った著作の著作権料に当たる部分）を「ファンド（土地＝基金）」にして、未来の「アウクトール」を育てようというマラルメの「文学基金」も実現しなかった。プルーストは「無意識的記憶」の糸をたぐりながら『失われた時を求めて』を書き始めることになる。しかしようやくそれを脱稿して「森」から抜け出たときには、第一次大戦は数千万の死者を出して終わっていた。ペギーは共和国の奨学生となり、高等師範学校で学び、出版社を立ちあげ、その雑誌（『半月手帖』）に書きつづけるが、第一次大戦が始まるとすぐ戦死している。ベンヤミンとセリーヌの「夜の果てへの旅」は第二次大戦、そしてその先まで続くだろう。[*6]

しかし「象徴の森」のなかで木々は果実をつけ、その種は大地に根づいている。戦乱のなかでそこをさまよった思想家や、誰にも知られずにそこに消えたサンボリストの屍も、その大地を潤したことに変わりはない。秋の日の午後に森に入ってみるとよい。紅葉した木々は日没の火で燃え上がり、壮麗な夕焼けとなって都市へと戻るわれわれを照らす。都市に戻ったあとも本を開きさえすればその森に戻ることはできる。耳を澄ませば、遠くから地層のきしみのような「時代の不協和音」(クリストフ・シャルル)が聞こえてくるだろう。ワーグナーはその不気味な音を音楽へと変容させ、ボードレールを陶然とさせた。マラルメはその音楽から文学の富を奪還しようとした。ドビュッシーやフォーレもまた、マラルメやプルーストと同じようにボードレールのいう〈自然〉という「寺院」に迷いこみ、そこに拡がる「象徴の森」をさまよった。

＊6　ヴァルター・ベンヤミンは一九三三年にナチスの迫害を逃れてフランスに亡命したが、親ナチスのペタン政権のもとにあるフランスからも逃れざるをえなくなり、「アメリカに向かう途上スペインとの国境で、ゲシュタポに引き渡されることを恐れて自殺した」(『ブリタニカ国際大百科事典』)。親ナチスであったセリーヌは戦後もさまよわねばならない。「ルイ・フェルディナン・セリーヌ(一八九四‐一九六一)。フランスの小説家。〔…〕貧しい家庭に生まれ、医学校に在学中、第一次世界大戦に参加。重傷を負ったのち、海外を放浪。帰国後パリの場末で医師を開業。第一作『夜の果てへの旅』*Voyage au bout de la nuit*(一九三二)で一躍有名になった。絶望的ペシミズムと凶暴な個人主義に彩られたこの作品は、存在に対する嫌悪感を卑俗な会話体で記述し、小説に新しい可能性を開いた。一九三七年アナーキズムと反ユダヤ主義による激越な論調のパンフレットを発表。一九四四年ドイツ軍敗走と行をともにし、第二次世界大戦後デンマークで投獄され、その後も亡命を余儀なくされた。一九五一年特赦により帰国。文壇から黙殺され貧窮のうちに死んだが、その後作品に対する全面的な再評価が行われた」(同上)。

〈自然〉は一つの寺院であり、その生きた列柱のあいだから、
ときおり不明瞭な言葉を漏らす。
人がその象徴の森に入ってさまようと、
森は親しげな視線でその人を見つめる。

遠くから呼びかわす木霊のように、
暗くて深い統一のなかで、
夜のように、光のように広々と
香り、色、そして音が応えあう。

こどもの肌のように爽やかで、オーボエのように甘い、
草原のように緑なす、さまざまな香りがあり、
——また腐乱した、豊かな、勝ちほこる香りもあり、

無限の事物の広がりをもつそれらは、

龍涎香、麝香、安息香、そして薫香のように、
精神と感覚の陶酔を歌っている。

（『悪の華』詩篇第四番「コレスポンダンス」）

一九世紀前半のドイツ地方には音楽のゆたかな「象徴の森」が拡がっていた。ベートーヴェンの第三シンフォニー（通称『英雄』）の第一楽章にはナポレオンの軍隊が攻め込んでくるときの進軍の様子や、それを押しとどめようとするプロイセンやオーストリアの軍隊のぶつかりあいが描かれているように思われる。クライマックスに鳴りひびく「不協和音」はその激突の瞬間である。第二楽章の葬送行進曲はナポレオンというより、戦いのなかで死んでいった兵士たちを送るものだろう。あるいはシューベルトの晩年の変ロ長調のピアノソナタ第二一番では、最初から不気味な低音のトリルが聞こえてくる。しかしそれにもかかわらずその音楽はふしぎな平安に満ちている。あるいはさらにワーグナーの『トリスタンとイゾルデ』では、夜の森で愛しあうトリスタンとイゾルデの官能の高まりの絶頂において、それを断ち切るような「不協和音」が鳴りひびく。しかし最後の「愛の死」では、それが天へと昇りつめる協和音のクライマックスへと変容し、そのあとでゆっくりとドラマも終わるのである。

フランスではコローやミレーやクールベのような画家たちが神秘の森を描いた。他方でドラクロワは、

《民衆を導く自由の女神》で七月革命を描くとともに、《ショパンの肖像》でポーランドからフランスに逃れてきた音楽家の憂鬱を伝えている。マネの《草上の昼食》は、神秘などおかまいなしに森で遊ぶ男と素っ裸の女を描いている。一九世紀中ごろまでに、音楽と絵画はボードレールやフロベールの文学とともに、「象徴の森」とでも呼びうるあらたな〈自然〉を形成している。

ボードレールの「コレスポンダンス」という作品には、その「象徴の森」のなかでの音、香り、色彩の「照応《コレスポンダンス》」が描かれている。そこでは視覚、聴覚、嗅覚ばかりでなく、触覚（爽やかさ＝つめたさ）や味覚（「甘い」）も入りまじっている。この「共感覚」の世界において知性と感性はひとつになり、精神もまた陶酔へと誘われる。そればかりではない。第一連の四行目で「森は親しげな視線でその人を見つめる」といわれるように、ここでは〈自然〉も視線を持っている。そしてその樹々（「生きた列柱」）のあいだからは僧侶たちの誦経のようなつぶやきが、そこで焚かれている薫香の匂いとともに漂ってくる。たしかに森のささやきは理解しがたいけれど、それが「言葉」であることに変わりはない。こだまを木霊あるいは木魂と書くように、木も魂をもち森の大地の養分を吸って生きている。

われわれは〈自然〉とともに生きるというより、むしろそれを利用しようとしてきた（水力、石炭、石油、原子力による発電……）。自然の災害から身をまもり、それがもたらす富とともに生きようとしてきた。ついには自然を征服し、それを勝手に改変するようにさえなった。その傲慢さのつけをいまわれわれは払わせられている（森は破壊され、海にはプラスチックごみが漂い、空気は排気ガスで汚染されている）。いまだに「象徴の森」をさまよっているのに、その森からは「精神と感覚の陶酔」が失われてしまったかのようだ。

象徴主義とは、モダンからポストモダンへの移行のなかで展開された諸芸術の運動の総体である。その本質を捉まえようとすることも、「象徴の森」をさまようようなものかもしれない。そのこと自体が甘美な体験であるならそれもよい。同じようにそこをさまようだれかと出会うかもしれないし（『ペレアスとメリザンド』）、あるいはだれかがあなたの屍をみつけて葬ってくれるかもしれない（ランボー「谷間に眠る男」）。しかし「精神と感覚の陶酔」を味わえないとしたら、われわれは何のためにそこをさまようのだろう。

## 3　古典主義とロマン主義を超えて

ボードレールの語る〈自然〉は、人間との交感が可能であるような調和のとれた自然であった。そのような〈自然〉は「モデルニテ（現代性）」の時代にはありえないからこそ、それへの想い（ベンヤミンのいう「現代の前史に関するデータ」[*7]）をボードレールはこの詩に込めたのかもしれない。じっさい詩人は、こうした理想郷へといたるためにハシシュやアヘンも試している（『人口楽園』）。しかし麻薬による感覚の錯乱をこの「コレスポンダンス」という作品は描いているわけではない。ここで語られる「精神と感覚の陶酔」は、詩の言葉（詩句）によってもたらされるものである。それが可能であると信じたからこそ、ボードレールは詩を書き、絵画や音楽を批評し、「精神と感覚の陶酔」をもたらす「象徴の森」の神秘を解き明かそうとした。その試みの全体像を知るには、ボードレールの作品を読むばかりでなく、彼が生きた時代や歴史についても「研究」しなければならない。これはこれで〈人文学〉という「象徴の森」に入りこむようなものだろう。

ここではまず一七世紀以降の古典主義との関係を考えてみよう。古典（クラシック）の源は古代ギリシャ・ローマにあるが、一七世紀フランスの古典主義は、それを模範にしてラシーヌ、コルネイユ、モリエールのような劇作家やボワローのような詩人が形成したものである。彼らはフランス詩の韻律法を完成させた。『悪の華』の詩篇がすべて伝統的な韻律法にもとづいて書かれていることを考えるなら、ボードレールはこうした古典主義の「形式の端正、思惟の明晰」といった性格を大切にしながら、そこには収まりきれない世界を描いたのである。そこには「よい」香り（「こどもの肌のように爽やかで、オーボエのように甘い、草原のように緑なす、いくつかの香り」）もあれば、「悪い」香り（「腐乱した、豊かな、勝ちほこるような香り」）もある。それらは渾然一体となることによって「精神と感覚の陶酔」をもたらす（「無限の事物の広がりをもつそれらは、龍涎香、麝香、安息香、そして薫香のように、精神と感覚の陶酔を歌っている」）。そしてこれらの香りを発散させる「花々」は『悪の華』という詩集におさめられ、第二帝政のなかで安逸をむさぼるブルジョワジーを驚かせるとともに、大革命から半世紀が経ってもなお崩れない古典主義時代の表象空間を揺るがすことになった。

ナポレオンが創ったリセ（高等中学校）では、大革命がもたらした混乱を収拾するために、ラテン語の古典やフランスの古典主義の作家たちの作品が「レトリック」（リベラルアーツの一つとしての「修辞学」）とともに教えられていた。[*8] フロベールやボードレールが古典主義的な教養を身につけたのもそこにおいてである。

一七世紀にデカルトは、イエズス会のコレージュ（リセの前身）で学び、すべてを疑っても疑っている自分を疑うことはできないということを発見し、そこで立ち止まった。「われ考える、ゆえにわれ在り」というのはそのときのデカルトのぎりぎりの思いである。彼は近代の科学を創始したといわれるけれども、神の存在は疑っておらず、信仰と科学をともに肯定していた。科学と信仰のあいだに矛盾があって

*7　ボードレールの「コレスポンダンス（照応）」という詩には、「現代の前史に関するデータが規範の形で記録されている」とベンヤミンは考えていた。横張誠『ボードレール語録』岩波現代文庫、二〇一三年、一頁参照。

*8　当時のリセでのレトリック教育については、横山裕人「一七世紀の著作家はリセでどのように読まれていたのか――一九世紀フランス中等教育における explication 成立史と二人の高等師範学校卒業生（シャルル・テュロとオギュスタン・ガジエ）について」、『仏語仏文学研究』第四九号、二〇一六年、三五七‐三七六頁を参照。

はならなかったし、古典的な整合性もそのことにおいて保たれていた。ところがガリレオが教皇庁に断罪されたことによって世界は一変したのである。デカルトはそのことを知って驚き、地動説にもとづく『宇宙論』の発表をあきらめて『方法序説』のみを発表した。こうして科学は独自の歩みをはじめ、自然をも作りかえる科学技術（テクノロジー）をもたらすことになる。そしてその歩みを、バチカンが象徴する「宗教的な知」はもはや止めることができなくなった。

一八世紀の啓蒙思想家たちは神を信じていない。彼らは理性の光であまねく地上の闇を照らすこと、つまり啓蒙が自らの役目であると考えるようになった。しかし彼らの『百科全書』はあまりに膨大なものとなり、ひとりの人間がその全体を把握することは不可能になった。多くの協力者がいてはじめて可能な『百科全書』は、人間の知を総合すると同時に、その知をひとりの人間が掌握することはできないことを示したのである。人間は一つあるいはいくつかの分野の専門家となることしかできない。しかし人間はそのことを知って謙虚になったわけではない。啓蒙思想は神へのおそれを欠いた思想であるゆえに、手つかずの〈自然〉（あるいはアフリカやアジアの「処女なる大地」）を犯すことを正当化し、革命へとフランスの民衆を誘う「危険」な思想となってゆく。

ボードレールの思想は、そうした一七・一八世紀のフランス思想を超えているように思われる。そこにはデカルトの〈自我〉ではなく〈自然〉がある。「私」はそのなかをさまようかそのなかに溶解してしまっている。〈自然〉からはつぶやきのような言葉が聞こえてくるが、それが何を意味するのかはわからない。しかしそのようにして「象徴の森」をさまよう人間に、「森」は親しげな視線を投げてよこす。主体と客体のあいだの隔たりは消滅し、人間は〈自然〉と一体となって恍惚とする。これもまた危険な思想かもしれない（くりかえすがボードレールは麻薬によってこの世界を知った）。だが音楽、絵画、文学の作品は人間の知性と感性によって作り出されるものである。ボードレールはそのことを音楽・美術批評をとおして明らかにするとともに、自らの作品をとおして証明しようとした。

それではロマン主義はどうだろうか。ロマン主義は古典主義への反発からうまれた芸術運動で、「ルソーの思想や『シュトルム・ウント・ドラング』運動に端を発し」、「自然との直接的な接触を求めた」[*9]とされる。ロマン主義の代表的な詩人としてラマルチーヌとユゴーを挙げることができるが、ボードレールは一世代上の彼らの影響のもとで古典主義を乗り越えるとともに、彼らとの対決のなかでロマン主義をも乗り越えることになった。

ラマルチーヌとユゴーは七月革命や二月革命で活躍した。文学者が政治家としても活動できたのは、啓蒙の理想をひきつぐ「文人」とみなされたからだが、彼らはそればかりでなくロマンティックな感性

＊9　『ブリタニカ国際大百科事典』による。

と宗教家のようなカリスマ性をそなえており、そういう彼らに当時の人々は政治をもゆだねようとしたのである。たしかに一八四八年二月の革命では彼らは第二共和政をもたらすのに貢献している。しかしその六月にプロレタリアートの民衆蜂起が起きたときには、彼らはそれをつぶす側にまわってしまう。ボードレールやフロベールはそこに彼らの政治家としての限界ばかりでなく、詩人としての限界も見た。

そのボードレールとフロベールは一八五七年にスキャンダルをひきおこしている。『悪の華』と『ボヴァリー夫人』はともに公序良俗に反するとして訴えられ、フロベールはかろうじて有罪を免れたが、ボードレールは有罪となって罰金といくつかの詩の削除を命じられた。しかしそのことが逆に彼らを有名にした（スキャンダルの効用）。それはいわば、路上での革命とは異なる血を流さない「革命」（ブルデューのいう「象徴革命」）となった。なぜならそれは古典主義とロマン主義の時代を終わらせ、のちに「象徴主義」と呼ばれることになるあらたな時代を拓いたからである（ポール・ベニシューの『作家の聖別——フランス・ロマン主義』[*10]はボードレールのまえで終わり、ギー・ミショーの『象徴主義の詩的メッセージ』[*11]はボードレールから始まっている）。

エルネスト・メソニエ《モルテルリ通りのバリケード》(1850頃)。六月蜂起で虐殺された人びとを描いたもの

＊10　ポール・ベニシュー／片岡大右・原大地・辻川慶子・古城毅訳『作家の聖別 フランス・ロマン主義1——一七五〇 - 一八三〇年　近代フランスにおける世俗の精神的権力到来をめぐる試論』水声社、二〇一五年。

＊11　Guy Michaud, *Message poétique du symbolisme*, Librairie Nizet, 1947.

## 4　ランボーの「感覚」について

ボードレールが「コレスポンダンス」のなかで自然を「寺院」といったように、ランボーも「感覚（Sensation）」（一八七〇年）[*12]という詩のなかでそれを「女」にたとえている。ふたつの作品にどのような「コレスポンダンス」があるのだろうか。

夏の青い夕暮れのなか、私は小道を行くだろう
麦の穂に刺されながら、細やかな草を踏みに。
夢みる者、私は草の冷たさを足に感じるだろう、
自分の裸の頭を、風にさらしたままにして。

私はなにも話さない、私はなにも考えない。
でも無限の愛が私の魂のなかを立ちのぼる。
そして遠くへ、ずっと遠くへ、ボヘミアンのように行くだろう、
〈自然〉のなかを、あたかもひとりの女といるように幸せに。

〈アルチュール・ランボー「感覚」〉

夏の日の夕暮れに、「私」は小麦畑のあいだの小道を歩いている。麦の穂が脛をチクチクと刺すのも、踏みしめる草のやわらかさや、帽子をかぶらない頭と顔にあたる風の感触も、昼の暑さでほてった身体にはちょうどよい。「私」は足裏から頭のてっぺんまで全身を〈自然〉にさらしている。

第一節が歩行という水平の移動をとおして外との接触を描くのなら、第二節は立ちのぼる「無限の愛」の垂直の移動を描いている。口をつぐみ、何も考えずにひたすら歩いていると、「魂」のなかを、まるで樹木が大地から水や養分を吸い上げるように「無限の愛」が立ちのぼるのを感じる。この「無限の愛」はつぎの行の果てしない水平の移動（「そして遠くへ、ずっと遠くへ」）を呼びおこす。そしてそればかりでなく、最初に「青い夕暮れ」といわれていたものを最後の行の〈自然〉へと変容させる。〈自然〉はさら

*12　一〇代のときに書いた二二の無題詩篇の束（いわゆる『ドゥエー詩帖』）のうちの一篇。初稿は一八七〇年三月。五月には高踏派の詩人テオドール・ド・バンヴィル宛の書簡に、他のいくつかの詩篇とともに同封された。そしてその年の秋、フランス北部ドゥエー滞在中に、ランボーは同地生まれの詩人ポール・ドゥメニー（『見者の手紙』も彼宛だった）にこの詩の束を託した。しかし翌七一年六月（パリ・コミューン崩壊の直後）には、「あの愚かな詩はすべて燃やしてください」と手紙で懇願している。ドゥメニーがそれを無視したおかげで、ランボーの初期詩篇が後世に遺った。

Par les soirs bleus d'été, j'irai dans les sentiers,
Picoté par les blés, fouler l'herbe menue :
Rêveur, j'en sentirai la fraîcheur à mes pieds.
Je laisserai le vent baigner ma tête nue.

Je ne parlerai pas, je ne penserai rien :
Mais l'amour infini me montera dans l'âme,
Et j'irai loin, bien loin, comme un bohémien,
Par la Nature, – heureux comme avec une femme.

に擬人化されて、「ひとりの女」となる。定冠詞がついて大文字ではじまる女性名詞の〈自然〉（la Nature）に対して、この「女」には単数の不定冠詞がついている（une femme）。つまりだれでもない「ひとりの女」が、「ひとりのボヘミアン」となった「私」にいつのまにか随伴している。「あたかもひとりの女といるように幸せに」、私はどこまでも、どこまでも歩いてゆくだろう。

この「あたかも」は、文学が可能にするものであると同時に、文学を可能にするものでもある。ほんとうはだれもいないのに、「私」はひとりではない。この短い詩をフランス語で口ずさみなら歩くと、その全体にちりばめられた単純未来の一人称の活用語尾である rai のリフレイン、そして母音と子音の微妙な衝突とグラデーションに乗せられて、「私」もまた幸福な気分になるだろう。たとえば一行目の前半の「夏の青い夕暮れのなか（Par les soirs bleus d'été）」と、二行目の前半の「麦の穂に刺されながら（Picoté par les blés）」を比べてみよう。そこでは［p］と［b］という破裂音と、bleus と blés の交錯が見られる（そしてそれは par をとおして最終行「自然のなかを（Par la Nature）」とも響きあう）。また été と blés についたアクサン・テギュ「´」はまさに脛を刺す麦の穂のようである。第二節の一行目「私はなにも考えない、私はなにも話さない（Je ne parlerai pas, je ne penserai rien）」にも［p］と［re］のくりかえしはみられるが、ここではむしろ［n］という鼻音の反復に導かれて、つぎの行の［m］という鼻音の反復が準備される。「でも無限の愛が私の魂のなかを立ちのぼる（Mais l'amour infini me montera dans l'âme）」というときに、読む者は［m］を発音するたびに口をしっかり「つぐむ」ことになる。そのつぎの行ではむしろ口を開き加減にして、鼻からも息をぬく鼻母音がくりかえされる。［m］の音は「ボヘミアン（bohémien）」の［m］を介して、最終行のおわりの「女（femme）」の［m］と響きあう。ランボーはこの詩を書いたとき一五歳だった。この短い詩のほかに「酔いどれ船」のような長い詩も見せられたヴェルレーヌやテオドール・ド・バンヴィルは、天才があらわれたと思ったことだろう。

ところでここで語られる「無限」の感覚は、パスカルのいう「考える葦」を想わせる（「人間は自然のなかでもっとも弱い一本の葦にすぎないが、それは考える葦である」）。パスカルの「葦」にも単数の不定冠詞がついているが、人間は、川や沼の岸辺に群生し、根は土中でつながっているけれども、地上では風にさらされている一本の「葦」のようなものである。ただしランボーは「何も考えず」にひたすら歩く。このどこにも定住しない「ひとりのボヘミアン」は、考えるよりも自らを錯乱させるためのあらたな詩法を見出し、『イリュミナシオン』を残したあとは詩を書くことさえやめてしまう。マラルメやプルーストは、ボードレールから学んだ「文学」のなかにとどまりながらその可能性をどこまでも追求している。しかしランボーはそうした表象の空間にはとどまらずに、ひたすら「一本の葦」のように〈自然〉のなかで生きようとした。*13

「象徴革命」によって「詩人の時代」を終わらせたボードレールが、一九世紀末にはもっとも有名な詩人になるというのは皮肉なことだ（『悪の華』は一九世紀でもっとも版を重ねる詩集となる）。それは詩人であることをやめたランボーが、そのことゆえにとびきり有名な「詩人」となったことを想わせる。マラルメは、ランボーが足にガンをわずらってマルセイユに戻り、そこで足の切断手術を受けたあとに死んだという記事を新聞で読み、パリでその噂をするサンボリストたちを見ながら、まるで「非人称の亡霊」がパリの路上をさまよっているみたいだと言うだろう。「しかしながら、結局のところ高邁で、妥協のなかった――精神的にアナルキストの――この生涯を、そこにありえたかもしれぬ美しさに沿うよう仮説的に掘り下げてみるならば、この当事者は、きっと、かつて彼であり、しかしもはやいかようにも彼ではない誰かに関することのように、誇り高い無関心さをもって名声への到達結果を受け入れたのではないかと推測すべきでしょう。外地から持ち帰ったお金にさらに加えるべく、非人称の亡霊が、パリをうろつきまわってもっぱら著作権を要求するというようなところにまで、厚かましさぶりを発揮したりしないとしての話ですが[*14]」。

＊13　ランボーはしかしながらマラルメのいうハムレットにも似ている。「英雄がいる――あとはすべて端役だ。彼は歩きまわる。ただそれだけだ。自分自身という書物を読みながら」（マラルメ／松室三郎訳「書誌」、『マラルメ全集 II』筑摩書房、一九八九年、三五六頁）。岡山「リクルート・スーツのハムレットたちへ」（前掲『ハムレットの大学』三三・五七頁）も参照のこと。

＊14　マラルメ／渋沢孝輔訳「アルチュール・ランボー」、前掲『マラルメ全集 II』九四頁。

ここでいわれる「非人称の亡霊」は「著作権を要求する」ような妙な亡霊であるけれども、アフリカにいるあいだに作品が出版されて有名になった「ランボー」であると同時に、よく売れるようになった『悪の華』の印税を回収するために冥府からよみがえった「ボードレール」かもしれない。真の天才は生きているあいだに報われることはない。なぜならそのすばらしさが認められるまでに時間がかかるから。しかしマラルメは、ランボーが精神の血統においてボードレールの正当かつ正統な相続人であるということを述べている。彼の提案した「文学基金」は、いわば書物の著作権料をめぐる遺産相続の話だが、作家や詩人の死後五〇年が過ぎたあとは、著作権料は出版社が「横領」するのではなく、精神の血統をつぐ若い詩人や作家の育成のために用いるべきだというのがその趣旨だった。そうであるならランボーは、自分の著作権料ではなく「文学基金」のためにパリの街をうろついていたのかもしれない。『ディヴァガシオン』の最後におかれた「擁護救済」で、マラルメ自身が学士院のあたりをさまよっているように。

ランボーもボードレールも、詩人というより「ひとりのボヘミアン」、あるいは「ひとりの遊歩者」だった。ボードレールは、半身不随で失語症という悲惨のなかで死んだときに、自分が世界でもっとも有名な詩人になるとは知らなかった。ユゴーは国葬に付され（一八八五年）、その長い葬列が凱旋門からパンテオンまでをねり歩き、棺が冷たいその地下聖堂に納められたあと詩人たちから忘れられてしまうのと対照的である。『レ・ミゼラブル』の詩人は、クーデタをおこして皇帝になったナポレオン三世を第二帝政のあいだずっと亡命先から批判しつづけたがゆえに、第三共和政の英雄となった。しかし第三共和政は、第二共和政が六月蜂起を潰したように、パリ・コミューンを潰すことで成立したブルジョワジーの体制である。マラルメは、ユゴーがパンテオンに封じ込められてはじめて、サンボリストたちもようやく重しがとれたように自由詩を書き始めたと書いている（「詩句の危機」[*15]）。そのなかには、ドレフュス事件のときにドレフュス派となるベルナール・ラザールやフェリックス・フェネオンもいた。フランス象徴主義の詩人たちの血脈は、ポーからボードレール、ヴェルレーヌ、マラルメ、ランボーをへて、プルースト、ペギー、サンボリストたちへと続いている。（それはさらに萩尾望都の『ポーの一族』や押見修三の『悪の華』

＊15　二〇二〇年の夏には、ランボーとヴェルレーヌをパンテオンに祀ろうという提案をめぐってフランスで論争が起きている。『ル・モンド』によれば、パンテオンをこの同性愛の二人の詩人にも開くべきだという提案に文化大臣も賛成しているそうである。しかしランボー研究者の多くは反対している。共和国の偉人を祀る、カルチエ・ラタンを見下ろす丘の上に建つこのモニュメントが、同性愛の詩人に開かれることはよいにしても、それがランボーとヴェルレーヌの終の住処としてふさわしいのかどうか、そこで彼らがユゴーやゾラと一緒に仲よく眠っていられるのかという問題は残るだろう。"Rimbaud et Verlaine, « symboles de la diversité », bientôt au Panthéon ?", Le Monde, le 10 septembre 2020; "La panthéonisation de Rimbaud et Verlaine relève d'une idéologie bien pensante et communautariste", le 17 septembre 2020; "Rimbaud et Verlaine au Panthéon, action poétique ou contresens historique ?", le 18 septembre 2020 ; "Ce n'est pas assagir Rimbaud et Verlaine, ni les récupérer à des fins partisanes, que de les faire entrer au Panthéon", le 25 septembre 2020.

のようなコミックをとおして、現代の日本にも生きている。ボードレールがリセ・ルイ・ル・グランを退学になったのは、授業中にクラスメイトから回ってきた紙切れを教師の目の前で呑み込んでしまったからだと言われているが、そこには同性愛の戯言が記されていたのかもしれない。）

## 5　マネと「象徴革命」

一八三二年生まれのマネはサロン（官展）での落選をくりかえしながら、ボードレールの美術批評から多くを学んで独自の絵画の世界を創りあげる。マネよりも若いセザンヌ（三九年生まれ）、モネ（四〇年生まれ）、ルノワール（四一年生まれ）らは、マネの影響のもとで印象派を形成するけれども、マネ自身は自分の作品がルーヴル美術館にドラクロワ（一七九八 - 一八六三）のそれと並んで展示されるのを夢みており、若い画家たちが独自に開催する印象派展には出品しなかった。そのマネのアトリエで、ゾラ（四〇年生まれ）とマラルメ（四二年生まれ）は出会っている。「詩句の危機」と社会の危機がつながっているとすれば、この出会いからドレフュス事件も生まれ、さらにそこからプルーストとペギーという作家と詩人が誕生したともいえる。*16 マネという画家は、フロベールとボードレールの象徴主義をゾラとマラルメに伝えるとともに、自らも絵画において「象徴革命」を起こすフランス象徴主義のキー・パーソンといってよい。

マネはリセを出た後、六年間にわたってトマ・クチュールのアトリエで学ぶあいだもルーヴル美術館で模写をつづけ、その後もヨーロッパの美術館をめぐって巨匠たちの作品に触れている。ヨーロッパの絵画の伝統からじかに学ぶことで、フランスのサロンや新古典主義の画家の影響から自らを解放したのである。それは「象徴革命」と呼んでよいものだったとブルデューは述べている。「私は成功した革命としての象徴革命について語りたい。エドゥアール・マネ（一八三二－一八八三）によって開始されたその革命ばかりでなく、それをひきおこした作品、そしてより一般的に、象徴革命の理念そのものを明らかにしたい」[*17]。

ブルデューは一九九八年から二〇〇〇年にかけてのコレージュ・ド・フランスでの講義で「マネ効果」

*16 もしもマラルメの「文学基金」が実現していたならば、ベルナール・ラザールとフェリックス・フェネオンは詩人のままであったかもしれない。逆にいうと彼らがジャーナリストとなり、ゾラを動かして「われ弾劾す」を書かせることになったのは、「文学基金」が実現しなかったからである。一八六〇年代以降に生まれ、マラルメとゾラの文学に親しんだ者たちは、ドレフュス派となってドレフュスの冤罪を晴らすのに貢献している。ドレフュス派の活動家であったプルーストとペギーが、この事件をとおしてそれぞれの「文学」を形成するようになったことはよく知られている。

*17 Pierre Bourdieu, *Manet, une révolution symbolique*. Cours au collège de France (1998-2000) suivis d'un manuscrit inachevé de Pierre et Marie-Claire Bourdieu, Seuil, 2013, p. 13.

をとりあげている。しかし「象徴革命」について語るのはかんたんではないと断っている。「象徴革命はとりわけそれが成功したものであるときに理解しがたいものとなる。なぜならそこでは、われわれにとってあたりまえになっていることを理解しなければならないからだ。われわれはその象徴革命がつくりだした諸構造のなかにいる。その革命を外から知覚する視線をもたない。そのためその革命を理解するには、われわれの視線そのものをひっくり返さないといけない。〔…〕世界やその表象を理解するためにわれわれが用いる知覚や認識を、まるごと問いなおさないといけない」[*18]。たしかにマネの絵は、いまでは泰西名画というか、それ自体が絵画の権威あるいは制度のようになっている。そのため「その作品によってひきおこされたスキャンダル自体がわれわれにとっては驚き」となる。なぜ《草上の昼食》や《オランピア》のような作品がスキャンダルになったのかということから、われわれは理解しないといけない。

《草上の昼食》（一八六三年）では、食べ物や脱いだ衣類が画面の左手前に乱雑におかれ、裸の女性と男性二人が草の上に座ってくだけた調子で話している（本書一〇四 - 五頁参照）。女性だけが裸であるというのも変だ。しかしよりスキャンダラスなのは、この絵が古典主義のニンフのいる森やロマン主義の神秘の森のパロディーとなっていることだろう。それこそボードレールのいう「モデルニテ」、あるいは「象徴の森」の見たままの光景なのである。それが何を象徴しているとかいえば、第二帝政のなかで恥を恥とも思わなくなったブルジョワジーの歓楽的な生活である。《オランピア》（一八六五年）にしても、それがティツィアーノの《ウルビーノのヴィーナス》（一五三八年）やアングルの《グランド・オダリスク》（一八一四年）のパロディーであることは明らかだ。しかしそこに描かれている黒人のメイドや黒猫と、娼婦オランピアの輝くような白い裸体のコントラストは、パロディーであるはずのマネの絵を古典主義や偽古典主義の絵画よりもあざやかなものにしている。

ブルデューの講義をもとにした『マネ、ひとつの象徴革命』[*19]の出版に協力したクリストフ・シャルルは、そこに寄せた論文のなかでつぎのように述べている。「マネはまず、過去そして現代の画家たちと向きあい、それを認めるか拒否するかする。ついで、ボードレールやほかの作家たちが批評のなかで新しい地平線として一八五〇年代末に提示した、『現代生活』の美学に形を与えるという課題にとりくむ。そしてさらに、アカデミックな美学を基礎づけるすべてのジャンルを別様な仕方でとりあげ、それをひっくり返すという野心と向きあう。つまり裸体画（《オランピア》）、風俗画（《草上の昼食》）、宗教的情景（《死せるキリストと天使たち》）、歴史画（《マクシミリアンの処刑》）など、すべてのジャンルの転覆である」[*20]。

＊18　*Ibid.*, pp. 13-14.
＊19　注17参照（未邦訳）。
＊20　Christophe Charle, "Opus infinitum. Genèse et structure d'ure œuvre sans fin", dans Bourdieu, op cit., pp. 543-544.

このマネの闘いは、シャルルによれば、絵画が文学から自立するための闘いであった。もとより絵画はギリシャ・ローマ神話や聖書に題材をとってきたが、美術批評もまた、ナポレオンが創った教育システムのなかで文学やレトリックの素養を培った者が担っていた。初等教育では詩を生徒に暗唱させ、中等教育のリセでも古典のテクストを読んでそれを分析するとともに、作文をとおして文体を身につけるという訓練がなされた。それは試験における「ディセルタシオン（小論文）」という制度となっていまも行われているが、その修業のなかで身につける視線は、文学ばかりでなく他の芸術にも応用できるものとなる。たとえばベラスケス『侍女たち』について語るミシェル・フーコーのように、哲学者もまた絵画についてみごとな分析をしてみせる。しかしそれは逆にいうと、「文学的」な視線で他のすべてを見てしまうということ、そして彼らの見たいようにしかものを見ないということにつながる。ブルデューは、絵画を語るにあたっての文学者や哲学者のそのような無自覚さを批判したとシャルルはいう（「レクトールが真のアウクトールにおしつけるこの歪曲を、ブルデューはつねに告発してきた」[*21]）。ところがマネは、ボードレールという「アウクトール」に出会うことで、そうした文学の支配から逃れることができた。自由になった絵画と文学はあらたに対等な関係を結んで、その対等な婚姻から「象徴主義」も誕生するのである。

## 6　「象徴の森」の拡がり

厳密にいうなら象徴主義（サンボリスム）とは、象徴派（サンボリスト）と呼ばれる一八八五年以降に成立した文学グループの文学理念を指している。しかしそのグループも、第二帝政のさなかにボードレールとフロベールとマネが遂行した「象徴革命」がなければありえないものだった。そのことは象徴派の画家たちについても言える。たとえばベルギー象徴派の画家フェリシアン・ロップス（一八三三‐一八九八）は、ボードレールが一八六六年に旅先のナミュールの教会で倒れたときに一緒にいた友人で、その直前に彼の書物のために挿画を描いている。その絵は自然のなかの光を描く印象派とは異なり、闇のなかに見えるものを描くものだった。ロップスはまた、フロベールの幻想的な対話劇『聖アントワーヌの誘惑』（一八七四年）に触発されたかのようなパステル画も残している。

このような象徴派の絵画は、オットー・ディクスのような二〇世紀ドイツ新即物主義（表現主義への対抗運動）の画家にも影響を与えている。ロップスがフロベールやボードレールを読みながら脳裏に思い描いたイメージは、ディクスにおいてはしかしながら、目に焼きついて離れない塹壕戦のリアルなイメージ

＊21　*Ibid.*, p. 532.

ロップスがボードレール『漂着物』の口絵用に描いた挿画（1866）

ロップス《聖アントワーヌの誘惑》(1878)

オットー・ディクス《毒ガスを浴びながら前進する突撃歩兵たち》(1924)。
50点の連作版画《戦争》のうちの一つ

に変容している。

第一次世界大戦があれほどまでに長期化し、おびただしい数の死者を出す未曾有の戦争になることを予想できた者はいなかった（ペギーはその最初期の塹壕戦で戦死している）。戦後においても戦勝国のフランスの人々は、「ベルエポック」の余韻のなかで悲劇を忘れようとしていたが、敗戦国のドイツの人々は「暗黒時代」の渦中で苦しんでいた。その闇の奥には、フランス印象派の絵画に憧れながらも塹壕戦のトラウマから逃れられず、そこで自分が見た地獄しか描けなくなってしまった画家もいた。彼らは後にナチスによって退廃芸術家の烙印を押され、文字どおり沈黙させられてしまうのだけれども、フランスのサンボリストのなかに彼らの存在に気づいた者はいなかった。それどころかドイツ音楽については熱く語りながら、ドイツ人には悪態しかつかないテオドール・ド・ヴィゼワのようなサンボリストもいた。両国のあいだにはガラス板のような国境があって、向こう側が闇であるために鏡となってしまったそのガラスに、自らの影しか映らないかのようである。

最後に、マネの《プラム》という作品とディクスの《ジャーナリスト》という作品を較べてみよう。マネのこの絵にはカフェのテーブルに座る女性が描かれている。テーブルの上のグラスにはブランデー漬けのプラムが入っている（そこには娼婦の暗喩があるという）。その虚ろな目は《バルコニー》や《フォリー・

マネ《プラム》（1877 頃）

ディクス《ジャーナリスト シルヴィア・フォン・ハーデンの肖像》(1926)。モデルのフォン・ハーデン（1894-1963）はドイツのジャーナリスト，詩人。ディクスは路上で彼女を見かけ，「あなたはこの時代の象徴だ，私はあなたを描かなければならない」と宣言したという

ベルジェール》に描かれた女性の目を想わせるものがある。指にはたばこがはさまれている。

ディクスの《ジャーナリスト》にも、カフェのテーブルに座る女性（男性のようにも見える）が描かれている。丸くて大きな黒縁の片眼鏡は、ジャーナリストである彼女の眼のまわりにできた隈のように見える。テーブルも丸いが、《プラム》のそれと同じように大理石の肌理をみせている。その上には開かれたままのたばこケースとマッチ、グラスに入った飲み物がおかれている。《プラム》のグラスは低くて安定感があるが、《ジャーナリスト》のそれは逆円錐形で、そこにストローが斜めに刺してある。それは彼女の尖ったあごや、細くて長い指とあいまって、《プラム》にはない緊張感を画面に与えている。しかしジャーナリストの右脚にのぞくストッキングのたるみが微笑ましい。そしてこの女性の指にもたばこがはさまれている。

ディクスがマネの絵のパロディーを描いたとは思えない。しかし仕事の合間、カフェでのつかのまの休息なのか、二つの絵には同じような〈倦怠《アンニュイ》〉が漂っている。ディクスは塹壕戦の地獄ばかりでなく、マネを想わせるこのような絵も描いた。マネもまた死骸のころがるパリ・コミューンのバリケードを描いたように。

マネはパロディーによって絵画の伝統をひっくり返した巨匠である。ディクスもマネにならって（つまりはパロディーのパロディーによって）、象徴主義の伝統に回帰したのかもしれない。その作品には〈倦怠〉のほかに、一八四八年六月蜂起のときからフロベールとボードレールにつきまとって離れなかった〈憂鬱《スプリーン》〉の影が感じられる。マネが描くココット（高級娼婦）とディクスが描くジャーナリストは、アルヌー夫人やボヴァリー夫人と違って「自立」して生きる現代の女性である。しかし彼女たちの職業も危うい と言わざるをえない。ココットは年老いれば見向きもされないし、ジャーナリストも、ワイマール共和国（マッチ箱には共和国の鷲の紋章が描かれている）ではリベラルな論説を書いていても、ヒトラーが首相となる一九三三年にはイギリスへの亡命を余儀なくされるからである。

＊

マネの絵は、その鮮やかな色彩やタッチがいかにも印象派を想わせるけれど、そこにある〈憂鬱〉はボードレールやロップスやディクスのものである。「象徴革命」を理解するには、自らの視線そのものをひっくり返さねばならないとブルデューは言った。われわれはそのひっくり返った視線で、マネの作品ばかりでなく、「象徴の森」の全体を見直さねばならないのではないか。国境を越え、世紀をまたいで拡がるその「森」は、あまりにも広大である。しかし怖気づくことはない。ボードレールがいうように、それはわれわれを「親しげな視線」でみつめる、ゆたかで人間的な「森」なのだから。

【初出】『教養諸學研究』第一四九号、二〇二一年三月、一－二八頁（一部加筆修正）

# おわりに

マラルメのディヴァガシオン（妄言）かドゥルーズ＝ガタリのファビュラシオン（虚言）のようなわれわれの言葉は、吉住さんによって一冊の書物へと構成されてゆくプロセスでたがいに照らし合い、いくつかの真実をつかまえたかもしれない。出版の醍醐味がそこにあるなら、今回はそれをながい時間（五年九か月！）をかけてゆっくり味わうことができたといえる。今度は読者であるあなたをこの対話の輪にひき込むことができればうれしい。いかにして批判の赤い糸を切らずにつないでゆくかが大学には問われている。だからこの「原論」もつねに批判に向かって、大学の未来に向かって開かれていなければならない。対話はこれからもつづくだろう。

「文学基金」提唱一三〇周年の春に

岡山 茂

## マ行

## タ行



## ナ行



## ハ行

## サ行

# 人名・作品名索引

## ア行



## カ行

## 著者

**岡山 茂**（おかやま・しげる）

1953年生まれ。早稲田大学政治学術院教授（2024年3月まで）。早稲田大学大学院文学研究科博士後期課程中退，パリ第4（パリ - ソルボンヌ）大学第3課程修了。著書に『ハムレットの大学』（新評論，2011），共著に『大学界改造要綱』（アレゼール日本編，藤原書店，2003），『ネオリベ現代生活批判序説』（新評論，2005／増補2008），共訳書にクリストフ・シャルル，ジャック・ヴェルジェ『大学の歴史』（白水社文庫クセジュ，2009）など。

**白石嘉治**（しらいし・よしはる）

1961年生まれ。上智大学ほか非常勤講師。著書に『不純なる教養』（青土社，2010），『青空と文字のあいだで』（新評論，2022），共著に『ネオリベ現代生活批判序説』（大野英士との共編著，新評論，2005／増補2008），『文明の恐怖に直面したら読む本』（Pヴァイン，2018），『統べるもの／叛くもの』（新教出版社，2019），編訳書にマルク・クレポン『文明の衝突という欺瞞』（新評論，2003）など。



新大学原論

2024年4月30日　初版第1刷発行

著　者　岡山　茂
　　　　白石嘉治
発行者　武市一幸

発行所　株式会社 新評論

〒169-0051 東京都新宿区西早稲田3-16-28
http://www.shinhyoron.co.jp
tel. 03 (3202) 7391
fax. 03 (3202) 5832
振替 00160-1-113487

定価はカバーに表示してあります
落丁・乱丁本はお取り替えします

装丁　山田英春
印刷　フォレスト
製本　中永製本所





ISBN978-4-7948-1263-6
Printed in Japan

好評刊

白石嘉治・大野英士 編

## 増補 ネオリベ現代生活批判序説

**【インタビュー：入江公康／樫村愛子／矢部史郎／岡山茂／堅田香緒里】**
「日本ではじめてのネオリベ時代の日常生活批判の手引き書」（酒井隆史）。無償化の概念を掘りさげる大幅増補の決定版。

四六並製　320頁　2640円　ISBN978-4-7948-0770-0

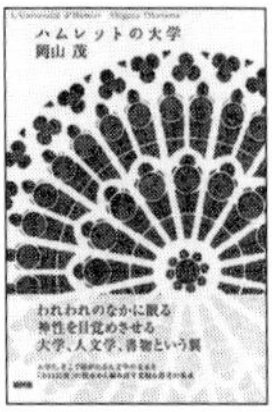


岡山　茂

## ハムレットの大学

大学という「行く河」，そこで紡がれる人文学の歴史と未来を，「3.11／フクシマ以後」の視座から編み直す柔軟な思考の集成。だれのなかにも眠る神性を解き放つ人文学の魔力に迫る。

四六上製　304頁　2860円　ISBN978-4-7948-0964-3

栗原　康

## 奨学金なんかこわくない！

**『学生に賃金を』完全版**

2020年度から始まった「高等教育の修学支援制度」はニセの無償化だ！大幅加筆・資料追補で「受益者負担」も「大学の社会貢献」もぜんぶまとめて完全論破。無償化闘争に必須の武器。

四六並製　272頁　2200円　ISBN978-4-7948-1149-3

入江公康

## 増補版 現代社会用語集

のべ1.5万人以上の学生と対話してきた名講師の講義録にして「社会」を学びたい若者のバイブル，初版後3年間の激動とコロナ禍をふまえ最新キーワードを追補した待望の新版。

四六変型並製　208頁　1870円　ISBN978-4-7948-1188-2

【表示価格：税込定価】